Basiswissen

Politik / Geschichte / Ökonomie

Gerhard Feldbauer

Geschichte Italiens

Vom Risorgimento zur Gegenwart

PapyRossa Verlag

Eine Übersicht aller Titel der PapyRossa-Reihe Basiswissen Politik / Geschichte / Ökonomie finden Sie unter shop.papyrossa.de/basiswissen

Luxemburger Str. 202, D-50937 Köln
Tel.: +49 (0) 221 – 44 85 45
Fax: +49 (0) 221 – 44 43 05
E-Mail: mail@papyrossa.de
Internet: www.papyrossa.de

Druck: Interpress

Die Deutsche Nationalbibliothek verzeichnet diese Publikation in der Deutschen Nationalbibliografie; detaillierte bibliografische Daten sind im Internet über http://dnb.d-nb.de abrufbar

ISBN 978-3-89438-626-9

Inhalt

1.
Das Risorgimento (1789-1871)

Unter dem Einfluss der Französischen Revolution setzte in Italien das Risorgimento ein, die Periode der nationalen Wiedergeburt, in der es darum ging, den weltlichen Herrschaftsanspruch des Papstes und die Fremdherrschaft der Habsburger und Bourbonen zu brechen, um das einheimische Feudalsystem zu beseitigen und den einheitlichen Nationalstaat und die bürgerliche Ordnung zu errichten.

Napoleon in Italien | Die mit Unterbrechungen von 1796 bis 1813/14 währende Herrschaft Napoleons in Italien befruchtete entscheidend die Bewegung des Risorgimento. Für das italienische Bürgertum war Napoleon nicht in erster Linie der Eindringling, sondern zunächst und vor allem der Repräsentant der Revolution. 1798 besetzte er Rom und den Kirchenstaat und proklamierte die Römische Republik, mit der zum ersten Mal die Tausend Jahre währende erzreaktionäre weltliche Herrschaft der Päpste beseitigt wurde.

Nach der Niederlage Napoleons sprach der Wiener Kongress von 1814/15 der Habsburger Dynastie die Lombardei und Venetien zu. Ihre Mitglieder herrschten über die Herzogtümer von Parma und Modena und das Großherzogtum Toskana. Der Papst wurde wieder in seine weltliche Herrschaft eingesetzt. Den Bourbonen überließ Österreich unter Ferdinand II. das Königreich beider Sizilien (Sizilien und Neapel).

Die Aufstände der Carbonari | Auf administrativem Gebiet gelang die Restauration der alten Machtverhältnisse, aber die Eigentumsverhältnisse hatte der Code Napoléon nachhaltig verändert. Die daraus entspringenden Widersprüche verschärften sich zunehmend. Bereits 1806 war in Neapel mit dem Geheimbund der Carbonari (Köhler) die erste bedeutende revolutionäre Organisation, die den Herrschaftsanspruch des Bürgertums vertrat, entstanden. Seine radikalsten Vertreter forderten die Republik.

Führende Intellektuelle sahen ihre Aufgabe in der Erziehung zu Nationalbewusstsein und bereiteten damit der Revolution den Weg. Silvio Pellico schrieb nach zehnjähriger Kerkerhaft in Wien 1830 das Buch »Meine Gefängnisse«. Von Alessandro Manzoni erschien 1827 mit »Die Verlobten« ein antidespotischer Roman. Am 9. März 1842 erlebte Giuseppe Verdis Oper »Nabucco« an der Mailänder Scala ihre Uraufführung. Der Freiheitschor der Juden erreichte große Popularität und wurde zum Symbol des geknechteten und nach Freiheit dürstenden italienischen Volkes.

1831 gründete Giuseppe Mazzini in Paris die Geheimgesellschaft »La Giovine Italia« (Das Junge Italien), die den einheitlichen Nationalstaat in einer demokratischen Republik schaffen wollte. Unterstützt von kleinbürgerlichen Schichten in Norditalien, wurde das »Junge Italien« zu einem gesamtnationalen Anziehungspunkt des demokratischen Flügels der nationalen Bewegung.

Im Juni 1833 stieß Giuseppe Garibaldi, Offizier der Kriegsmarine Piemonts, zum Giovine Italia. Aber schon im Februar 1834, nach der Teilnahme an einem gescheiterten Aufstand in Genua, musste er nach Marseille fliehen. Er wurde in Abwesenheit zum Tode verurteilt und emigrierte 1835 nach Südamerika, wo er mit Freischärlern für die Unabhängigkeit der Republik Rio do Sul, später Santa Caterina, und Uruguay kämpfte. 1843 formierte er dort eine italienische Legion, deren Mitglieder rote

Hemden trugen: die später auch in Italien zum symbolischen Kleidungsstück seiner Kämpfer wurden. Als 1848 die Revolution in vielen Ländern Europas ausbrach, kehrte Garibaldi nach Italien zurück. Zusammen mit Mazzini wurde er Führer des revolutionär-demokratischen Flügels der nationalen Bewegung und General der Befreiungskriege.

Die Revolution 1848/49 | Die Revolution, die am 1. Januar 1848 in Mailand ausbrach, erfasste ganz Italien. Der habsburgische General Radetzky wurde aus Mailand vertrieben. Am 12. Januar verjagten Aufständische in Palermo die Regierungstruppen und bildeten ihrerseits eine Regierung, die die Unabhängigkeit Siziliens und seine Trennung von Neapel verkündete. Im Königreich Sardinien-Piemont bildete König Carlo Alberto im März eine Regierung unter dem Liberalen Cesare Graf Balbo.

Die liberale Bourgeoisie beanspruchte nun ebenfalls die Führungsrolle in der nationalen Einigungsbewegung. An ihrer Spitze stand der liberalkonservative Camillo Benso, Graf von Cavour. Er war Gegner der Republik, lehnte jedoch sowohl die Habsburger als auch die päpstliche Herrschaft ab. Nach britischem Vorbild strebte er eine konstitutionelle Monarchie an, welche die politische Macht der Bourgeoisie anerkennen sollte. Er hoffte, dass Österreich, um Volkserhebungen zu entgehen, die Lombardei und Venetien an Sardinien-Piemont übergeben würde.

Zu den Mazzinisten tendierten zunächst sowohl Liberale als auch Vertreter des Adels. Der Herzog Carlo Pisacane sah in seiner Schrift »Guerra combattuta in Italia negli Anni 1848/49« die Befreiungskriege als revolutionäre Ereignisse und Ausdruck eines Klassenkampfes. Wie auch Garibaldi von den Saint-Simonisten beeinflusst, wurde er zum utopischen Sozialisten, der erkannte, dass die künftige italienische Revolution einen sozialistischen Inhalt haben müsse. Er forderte, an die Bauern Grund und Boden zu verteilen.

Am 24. März 1848 erklärte König Carlo Alberto, nachdem in der habsburgisch beherrschten Lombardei-Venetien ein Aufstand ausgebrochen war, Österreich den Krieg und rückte auf die lombardische Grenze vor. Die Monarchen in Neapel, Palermo, Florenz. Modena und Parma sahen sich nun genötigt, Truppen an seine Seite zu entsenden. Alberto blieb aber in der Defensive und hoffte auf ein Einlenken Österreichs. Für die Übergabe der Lombardei, Parmas und Modenas war er bereit, auf Venetien zu verzichten. Nachdem am 15. Mai in Neapel die Konterrevolution gesiegt hatte, schied das süditalienische Korps aus dem Krieg aus. Alberto brach den Feldzug ab und zog sich daraufhin kampflos nach Mailand zurück. In der Nacht zum 6. August floh er aus der Stadt.

Die Römische Republik | Nachdem am 16. November in Rom die Volksmassen sich erhoben, eine provisorische Regierung und die Einberufung einer verfassungsgebenden Versammlung gefordert hatten, floh Papst Pius IX. am 24. November in die neapolitanische Festung Gaeta. Eine am 21. Januar 1849 gewählte Nationalversammlung Italiens rief am 8. Februar die Republik aus und beseitigte die weltliche Herrschaft des Papstes. Das Parlament, in dem neben den revolutionären Demokraten die Handels- und Industriebourgeoisie starken Einfluss hatte, nationalisierte den Kirchenbesitz und übergab ihn gegen rückzahlbare Staatsanleihen an landlose und landarme Bauern in Erbpacht. Die Liberalen suchten jedoch einen Kompromiss mit der Reaktion. Zur Stärkung der Demokraten bildete Mazzini zusammen mit Carlo Armellini und Aurelio Saffi ein Triumvirat der Römischen Republik.

Um weiteren revolutionären Erhebungen zuvorzukommen, begann Alberto einen zweiten Unabhängigkeitskrieg. Da er wieder in der Defensive blieb, konnte Radetzky ihm am 23. März bei Novara eine schwere Niederlage zufügen. Alberto floh nach Portugal, wo er wenig später verstarb. Sein Sohn

Vittorio Emanuele II. übernahm das Zepter und schloss einen neuen Waffenstillstand.

Bereits am 12. Dezember 1848 traf Garibaldi mit seinem Freikorps in Rom ein und übernahm das Kommando über die Streitkräfte der Römischen Republik. Die Reaktion machte von allen Seiten mobil. Aus Frankreich, der Schutzmacht des Papstes, trafen mit 17 Kriegsschiffen 7.000 Mann unter General Charles Oudinot in Civitavecchia ein und besetzten die Stadt. Spanien, dessen Bourbonen-Sprössling Ferdinand II. im Königreich beider Sizilien herrschte, setzte 4.900 Mann bei Gaeta ab und landete weitere bei Fiumicino. 2.000 Mann überschritten bei Terracina die Grenze. Am 28. April rückte Oudinot auf die Stadtmauern von Rom vor. Das Triumvirat untersagte Garibaldi einen Gegenangriff und schloss einen Waffenstillstand. Am 3. Juni eroberte Oudinot den die Stadt beherrschenden Gianicolo und schloss Rom völlig ein. Garibaldi wollte den Belagerungsring durchbrechen und den Kampf außerhalb der Stadt führen. Das Triumvirat lehnte ab. Am 1. Juli drangen die Franzosen in Rom ein. Die Nationalversammlung beschloss am 2. Juli, die Verteidigung einzustellen. Der nach Gaeta geflohene Papst Pius IX. wagte erst am 12. April 1850 in Begleitung französischer Truppen nach Rom zurückzukehren. Am 12. Juli 1849 wurde Mazzini mit führenden Republikanern aus der Stadt ausgewiesen.

Garibaldi durchbrach am 2. Juli mit 4.000 Kämpfern den Belagerungsring und marschierte nach Norden. Nach verlustreichen Kämpfen kam er Ende Juli mit nur noch 1.500 Mann in der Bergrepublik San Marino an, die ihm Zuflucht gewährte. Mit dem Fall der Römischen Republik endete die Phase der Revolution von 1848/49 und mit ihr die erste Etappe der nationalen Unabhängigkeitskriege mit einer Niederlage.

Aufstand auf Sizilien | Nach 1848/49 entwickelte sich die Industrie rasch. Bis 1860 setzte sich die Fabrikproduktion gegenüber der Manufaktur durch. Es entstand eine eisen- und metallverarbeitende Industrie. Der wirtschaftliche Einfluss der Bourgeoisie überflügelte den des Feudaladels. Die fortbestehende staatliche Zersplitterung wurde zum Hindernis für die Herstellung eines einheitlichen Marktes und damit zum Anachronismus.

Die revolutionären Demokraten konnten nach 1848/49 nicht mehr das bürgerliche Lager insgesamt beeinflussen. Benso di Cavour, wurde 1852 Chef der Turiner Regierung und blieb es mit einer kurzen Unterbrechung bis zu seinem Tod 1861. Seinen reformistischen Weg an die Macht verband er mit einer geschickten Nutzung der Gegensätze zwischen den europäischen Großmächten. Im Krimkrieg, an dem Piemont mit einem Expeditionskorps teilgenommen hatte, erlitt Russland eine Niederlage und musste sich aus Osteuropa zurückziehen. Seinen Platz als eine beherrschende Großmacht wollte Napoleon III. einnehmen. Er schloss 1858 mit Sardinien-Piemont ein Bündnis und sicherte ihm den Beistand Frankreichs in einem Krieg gegen Österreich zu. Am 19. April 1859 wurde Piemont von Wien ultimativ aufgefordert, die offensichtlichen Kriegsvorbereitungen binnen dreier Tage einzustellen, andernfalls werde der Kaiser Österreich »zu den Waffen rufen«. Am 26. April wies Turin das Ultimatum zurück. Als am nächsten Tag Österreich in Piemont einfiel, schickte Frankreich 200.000 Soldaten. Am 4. Juni wurden die Österreicher bei Magenta geschlagen und mussten Mailand räumen. Die endgültige Niederlage folgte am 24. Juni bei Solferini. Garibaldis Korps besetze Varese, Como und Brescia. Im Friedensvertrag von Zürich vom 8. August trat Wien die Lombardei an Napoleon III. ab, der sie an Vittorio Emanuele übergab.

Am 11. Mai 1860 kam Garibaldi den aufständischen Bauern Siziliens auf zwei in Genua gekaperten Dampfschiffen mit 1.000 Rothemden zu Hilfe. Am nächsten Tag wurden die Bourbonen bei Calatafimi geschlagen. Ohne dass es dazu eine Übereinkunft gab, erklärte sich Garibaldi zum Diktator von Sizilien und berief sich dabei auf den König. In Turin gab es keinen Widerspruch. Garibaldi bildete eine Regierung mit Mazzinisten und gemäßigten Liberalen und verteilte die Gemeindeländer an die Bauern. Im August setzte er nach Reggio Calabria über und marschierten nach Neapel, das er am 7. September erreichte. Überall schlossen sich ihm weitere Patrioten an. Franz II. setzte sich nach Gaeta ab. Garibaldi bereitete sich darauf vor, Rom einzunehmen. Er lud den König von Sardinien-Piemont, Vittorio Emanuele II., ein, in die Hauptstadt zu kommen, um als König Italiens gekrönt zu werden.

Piemont proklamiert das Königreich Italien | Cavour befürchtete, dass die Republikaner bei einem Einzug Garibaldis in Rom erneut die Republik ausrufen könnten. Am 11. September forderte er den Papst auf, den Kirchenstaat zu räumen. Als die Kurie ablehnte, rückte Piemont mit 30.000 Mann in Umbrien und den Marken ein. Am 18. September besiegte es die Armee des Papstes bei Castelfidardo. Die Herrschaft des Pontifex wurde auf Latium und Rom beschränkt. Die Piemontesen blockierten nun für Garibaldi die Heerstraße nach Rom. Franz II. versuchte, die Vereinigung Nord- und Süditaliens zu vereiteln und griff Garibaldi am 1. Oktober mit 40.000 Mann am Volturno an. Dieser trieb ihn jedoch nach Gaeta zurück und schloss ihn in der Festung ein.

Am 11. Oktober 1860 beschloss das Turiner Parlament den Anschluss Süd- und Mittelitaliens an Piemont-Sardinien. Es war ein Akt der Festschreibung der »Revolution von oben«, der einen demokratischen Weg über die Einberufung einer Nationalversammlung ausschloss. Für die Zusage, seinen feudalen Grundbesitz nicht anzutasten, stimmte der Adel des Südens zu.

Am 4. November bestätigten die Wahlberechtigten der Marken und Umbriens den Anschluss. Zur Wahl eines nationalen Parlaments am 27. Januar 1861 waren nur 1,9 Prozent der Bevölkerung zugelassen. Die Bauernmassen des Südens, das entstehende Proletariat im Norden, welche die aktivsten Teilnehmer am Kampf für die Einheit und Unabhängigkeit Italiens gewesen waren, blieben ausgeschlossen. Die Anhänger Cavours belegten 350 der 443 Abgeordnetensitze. Am 15. Februar 1861 kapitulierte Franz II. Ein französisches Kriegsschiff brachte ihn mit seiner Familie nach Rom, wo er im Vatikan im Exil verblieb. Am 18. März proklamierte das Parlament in Turin das Königreich Italien mit Vittorio Emanuele II. als Monarch. Ministerpräsident Cavour erklärte jedoch, dass Rom die Hauptstadt Italiens sei, und erst ihre Befreiung die Einheit Italiens vollenden werde.

Abrechnung mit Cavour | Garibaldi hatte sich der Monarchie untergeordnet, da eine Auseinandersetzung innerhalb der nationalen Bewegung über die Frage Monarchie oder Republik zu einem militärischen Konflikt hätte führen können und er fürchtete einen unkalkulierbaren Schaden für die Bewegung. Der König bot Garibaldi für seine Leistungen eine ehrenvolle Entlohnung an, die dieser ablehnte. Die Südarmee wurde aufgelöst, Garibaldi zum General der königlichen Armee befördert. Er trat diesen Posten nicht an, sondern zog sich auf seinen einfachen Landsitz zurück.

Im April 1861 musste die Auflösung der Armee Garibaldis vom Parlament beschlossen werden. Der Revolutionsgeneral, der nach 1860 in sieben Legislaturperioden von den Demokraten Neapels in die Abgeordnetenkammer gewählt wurde, trat in seinem traditionellen Poncho und im Rothemd auf die Rednertribüne und wurde aus den Zuschauerreihen mit stürmischem Beifall begrüßt, während die in schwarz gekleideten Abgeordneten der Regierungsmehrheit in eisigem Schweigen verharrten. In einer leidenschaftlichen Rede rechnete Garibaldi mit dem Komplott Cavours ab, mit dem die Befreiung Roms verhindert und die Gefahr eines Bruderkrieges heraufbeschworen worden war.

Das Ende der weltlichen Herrschaft des Papstes | Im Mai 1862 versammelte Garibaldi eine große Zahl früherer Rothemden bei Brescia und kündigte eine Erhebung gegen Österreich an. 123 seiner Anhänger wurden festgenommen, mussten aber nach Protesten freigelassen werden. Am 20. August setzte er von Catania aus mit 3.000 Anhängern zum Marsch auf Rom an. Am 28. August griffen die königlichen Truppen auf den Höhen des Aspromonte im Apennin seine Vorhut an. Garibaldi, der selbst verwundet wurde, sah wiederum das Risiko eines Bürgerkrieges. Er befahl, das Feuer einzustellen und ließ sich gefangen nehmen. Nach einer Protestwelle wurde er freigelassen.

1866 schlug sich Italien im Konflikt Preußens mit Österreich für die Zusage Venetiens und weiterer besetzter Gebiete auf die Seite Bismarcks. Bei Custoza wurden die Italiener jedoch von den Österreichern geschlagen. Auch die italienische Kriegsflotte erlitt vor der Ostküste der Adria eine Niederlage. Nur Garibaldi operierte mit einem fast 40.000 Mann zählenden Freiwilligenkorps in Tirol erfolgreich. Nachdem Preußen bei Königgrätz über die Österreicher siegte, musste Wien Venetien freigeben und war nach diesem Krieg nicht nur als Gegner der Einigungsbewegung Italiens ausgeschaltet.

Mit einem Einmarsch von 9.000 Freiwilligen im Oktober 1867 in den Kirchenstaat trieb Garibaldi noch einmal die Einheit voran. Am 3. November kam es an der Via Nomentana nördlich von Rom zur Schlacht mit den französischen Schutztruppen des Papstes, die nicht nur zahlenmäßig, sondern mit den neuen Chassepot-Gewehren (Hinterlader) auch technisch überlegen waren. Von den königlichen Truppen im Stich gelassen, musste Garibaldi aufgeben.

Nach seiner Niederlage am 1. September 1870 bei Sedan zog Frankreich seine Schutztruppen aus Rom ab. Turin schlug dem Papst Verhandlungen über die Besetzung Roms vor. Als Pius IX. ablehnte, rückten am 10. September italienische Truppen in die Stadt ein. Am 9. Oktober wurde Rom in das Königreich eingegliedert. Italien beseitigte die weltliche Herrschaft des Papstes, nahm seine »natürliche Hauptstadt« in Besitz und vollendete die nationale Einheit. Pius IX. erklärte sich zum »Gefangenen im Vatikan« und exkommunizierte alle am »Raub des Patrimonium Petri« beteiligten. Ein Garantiegesetz anerkannte seine geistliche Unabhängigkeit und persönliche Souveränität. Der Vatikan, der Lateran und als exterritorialer Besitz der Landsitz Castel Gandolfo verblieben ihm. Obendrein wurde ihm eine jährliche Dotation in Höhe seiner bisherigen Einnahmen zugestanden.

Ein Dreiviertelsieg der Revolution | Als Bestandteil des Risorgimento errang die bürgerliche Revolution einen Dreiviertelsieg. Nicht erfüllt wurde die Beseitigung des feudalen Grundbesitzes. Im Gegensatz zu Deutschland, wo sich die Bourgeoisie 1871 der preußischen Hegemonie unterordnete und die politische Macht mit den Junkern teilte, war es in Italien umgekehrt. Die Bourgeoisie des Nordens, die den Latifondistas des Südens ihr Eigentum garantierte, war bei der Proklamation des Nationalstaates die politisch führende Kraft.

Garibaldi an der Seite der Französischen Republik | Garibaldi trat nach Sedan auf die Seite der Französischen Republik, die ihm das Kommando über ein internationales Korps an der Côte d'Or (Italiener, Spanier, Polen, Engländer, Iren und Amerikaner), die sog. Vogesenarmee, übertrug. Als einziger Befehlshaber auf der französischen Seite errang er einen Sieg, als er bei Dijon die Preußen zurückschlug. Auch die Pariser Kommune bot ihm das Kommando über ihre Truppen an. Garibaldi lehnte zwar ab, bekundete aber der Kommune offen seine Sympathie. Er hatte auch die von Marx 1864 verfasste Inauguraladresse als »Sonne der Zukunft« begrüßt, 1867 in Genf am internationalen Friedenskongress teilgenommen und auch die Bemühungen der I. Internationale um Abrüstung unterstützt.

Garibaldi verstarb am 2. Juni 1882. Entgegen seinem Wunsch nach einer einfachen Urnenbestattung in aller Stille, bereiteten ihm Parlament, Königshaus und Regierung ein großes Staatsbegräbnis mit militärischen Ehren. Seine Anhänger protestierten. Die Ehrung verdeutlichte einen gravierenden Unterschied deutscher und italienischer Haltung zur nationalen Einheitsbewegung. Während die herrschenden Kreise Italiens Garibaldi Respekt bezeugten, rechneten die Deutschen mit ihren Rebellen blutig ab. Der preußische General von der Groeben ließ nach der Kapitulation der Festung Rastatt, der letzten Bastion der deutschen Revolution in Baden, am 23. Juli 1849 den Festungskommandanten Oberst Gustav Tiedemann und 27 seiner Offiziere sofort standrechtlich erschießen. Hunderte starben in den Kasematten der Festung ohne medizinische Hilfe an Typhus, Tausende fielen dem Terror der Konterrevolution zum Opfer. Zehntausende wurden gerichtlich verfolgt, insgesamt 700.000 Teilnehmer an den deutschen Erhebungen von 1848/49 in die Emigration getrieben.

2.
Die Bourgeoisie an der Macht (1861-1921)

Die Produktivkräfte konnten sich unter den neuen Produktionsverhältnissen entfalten: 1862 entstand ein einheitliches Währungssystem, 1864 eine italienische Staatsbank. Ein Bürgerliches Gesetzbuch garantierte den Schutz des Privateigentums und schaffte Rechtssicherheit.

Wirtschaftlicher Aufschwung und soziale Gegensätze | Im Norden wurde das Eisenbahnnetz bis 1885 auf 9.920 und bis 1900 auf über 16.000 km ausgebaut. Im Raum Mailand-Turin-Genua entwickelte sich Eisen- und Stahlindustrie, metallverarbeitende Industrie und Maschinenbau. Die Schwerindustrie ließ rasch die freie Konkurrenz hinter sich und trat in das Stadium der Monopole ein.

Die konservative Fraktion der Bourgeoisie bildete von 1860/61 bis 1876 die Regierung. Ihre reaktionäre Linie kam auch in der Haltung zur Pariser Kommune zum Ausdruck, die sie als Werk von Fanatikern und eines »bestialischen Sozialismus« verketzerte.

In Süditalien führte die ungelöste Agrarfrage zu einer enormen Verarmung der Landbevölkerung, die in einem unbeschreiblichen Elend dahinvegetierte. Zwischen 1861 und 1881 verlor etwa ein Fünftel der italienischen Bauern (800.000) ihren Boden, den die von kapitalkräftigen Unternehmern gebildete Agrarbourgeoisie aufkaufte. Von 1901 bis 1913 wanderten deshalb acht Millionen Italiener aus, davon fünf Millionen nach Übersee. In der Industrie betrug die Arbeitszeit täglich generell 12 bis 16 Stunden. 1880 waren in der Textil- und Papierindustrie sowie der Tabakverarbeitung 23,5 Prozent der Arbeitskräfte Kinder unter 14 Jahren.

Die Liberalen an der Regierung | 1876 übernahmen die Liberalen in der so genannten »parlamentarischen Revolution« die Regierung. Sie hatten eine beträchtliche Basis unter dem Kleinbürgertum. Ihre Galionsfigur Francesco Crispi, 1860 Garibaldis Stellvertreter als Diktator Süditaliens, stieg 1887 zum Ministerpräsidenten auf. Er verwirklichte einige Reformen, darunter eine neue Wahlordnung, nach der statt bis dahin eine halbe Million (zwei Prozent der Bevölkerung) nunmehr zwei Millionen Menschen wählen durften. Zwischen 1883 und 1886 wurde eine bescheidene Fabrikgesetzgebung eingeleitet, welche die Nachtarbeit einschränkte und die tägliche Arbeitszeit für Frauen und Kinder etwas begrenzte. Sie bekämpfte allerdings die Selbstorganisation der Arbeitenden. 1894 verboten die Liberalen nach dem Beispiel des deutschen Sozialistengesetzes die italienische Arbeiterpartei. 1898 schlugen sie die Proteste der

Arbeiter gegen die Brotpreiserhöhung nieder. In Mailand gab es bei Barrikadenkämpfen nach offiziellen Angaben 80 Tote und 450 Verwundete.

Die Arbeiterbewegung zwischen Marxismus und Bakunismus | Zu der sich formierenden Arbeiterbewegung stießen Anhänger Mazzinis und Garibaldis. Im Gegensatz zu Garibaldi fand Mazzini selbst keinen Anschluss an sie. Er lehnte die Internationale Arbeiterassoziation (IAA) ebenso wie die Kommune ab und trat für die Klassenzusammenarbeit mit der Bourgeoisie ein.

Großen Einfluss auf die frühe italienische Arbeiterbewegung übte der russische Revolutionär und spätere Anarchist Michail Bakunin aus, der während der deutschen Revolution 1849 im Dresdener Mai-Aufstand militärischer Führer und Mitglied der revolutionären Regierung war. Nach zwölfjähriger Haft in Petersburg und Verbannung nach Sibirien konnte er 1861 fliehen. Er begab sich nach London, wo er zu Marx freundschaftliche Beziehungen unterhielt. 1864 ging er nach Italien und gründete 1867 in Neapel die erste Sektion der IAA. 1874 existierten 129 Organisationen mit 26.000 Mitgliedern, zu dieser Zeit eine der stärksten Vertretungen in der Internationale, in der die Anarchisten die Oberhand hatten.

Bakunins Einfluss erschwerte die Verbreitung des Marxismus außerordentlich, schrieb Friedrich Engels,[1] der seit 1871 die Funktion des Korrespondierenden Sekretärs des Generalrates für Italien wahrnahm. Erst als 1874 und 1877 zwei Aufstandsversuche der Bakunisten scheiterten, ging ihr Einfluss zurück. In Italien erschienen Standardwerke des Marxismus: 1883 »Die Entwicklung des Sozialismus von der Utopie zur Wissenschaft«, 1885 »Der Ursprung der Familie, des Privateigentums und des Staates«, 1886 der Erste Band des »Kapital«, 1892 das »Manifest der Kommunistischen Partei«.

---

1 MEW (= Marx/Engels Werke, Ausgabe Berlin/DDR), Bd. 19, S. 122

Die Gründung der Sozialistischen Partei | Im August 1891 gründete Filippo Turati, die Sozialistische Liga Mailands. 1892 schlossen sich in Genua die regionalen Organisationen zur einheitlichen Partei der Italienischen Arbeiter zusammen, die 1893 den Namen Italienische Sozialistische Partei (Partito Socialista Italiano) annahm. Ihr Parteiprogramm, das die Inbesitznahme der Produktionsmittel durch die Arbeiter forderte, trug grundsätzlich marxistischen Charakter. Turati ignorierte jedoch Marx' Kritik am Gothaer Programm der deutschen Sozialdemokratie und klammerte die politische Machtergreifung aus. Das führte zur Herausbildung eines linken revolutionären und eines reformistischen Flügels.

Die Sozialistische Partei (ISP) wuchs zu einer Massenpartei mit einem beträchtlichen hauptamtlichen Parteiapparat, die Zahl ihrer Abgeordneten im Parlament stieg stetig. Dies schuf einen günstigen Nährboden für die Ausbreitung des Reformismus. Turati trat für eine Zusammenarbeit mit der liberalen Bourgeoisie ein und unterhielt Kontakte zu Ministerpräsident Giolitti, der durch Reformen und Zugeständnisse an die Arbeiterbewegung eine schmale Oberschicht der Arbeiterklasse in den Parlamentarismus und in das kapitalistische Herrschaftssystem einzubinden suchte. Dem italienischen Imperialismus gelang es aufgrund seines ökonomischen Rückstands jedoch nicht, eine Arbeiteraristokratie hervorzubringen, die mit der deutschen vergleichbar gewesen wäre. Der Parteitag 1912 in Reggio Emilia schloss die offenen Reformisten unter Leonida Bissolati aus, die daraufhin mit Ivanhoe Bonomi die Reformistische Sozialistische Partei (Partito Socialista Riformista) gründeten. Turati wurde als Sekretär abgelöst und Constantin Lazzari gewählt.

Mit 250.000 Mitgliedern wurde die ISP 1906 drittstärkste Arbeiterpartei Europas. Bauernaufstände 1894 auf Sizilien und die Barrikadenkämpfe in Mailand 1898 vermittelten lehrreiche Erfahrungen und stärkten die Kampfkraft. 1900 setzte die Partei das Streikrecht durch. 1906 wurde der Allgemeine Italienische Gewerkschaftsbund (Confederazione Generale del Lavoro, CGdL) gegründet. Nach der 1896 erzwungenen Aufhebung des Parteiverbots zog die ISP mit 16 Mandaten in die 500 Mitglieder zählende Abgeordnetenkammer ein. Ihr parlamentarisches Wirken wurde jedoch durch das rückschrittliche Direktwahlsystem stark beschnitten. 1904 erhielt die ISP mit 20 Prozent Wählern nur 5 Prozent der Sitze. Bis 1909 steigerte sie ihre Mandate trotzdem auf 42. Nach einer Wahlrechtsreform 1912 stieg die Zahl der Wahlberechtigten von 3,3 auf 8,7 Millionen. Das waren immer noch nur 23 Prozent der Bevölkerung.

Die katholische Kirche schuf gegen die marxistische Arbeiterbewegung eigene christliche Gewerkschaften. 1910 existierten 374 lokale Organisationen mit annähernd 170.000 Mitgliedern. 1891 forderte Papst Leo XIII. in der Enzyklika »Rerum Novarum«, »der Staat muss sich zum unerbittlichen Hüter des Privateigentums machen« und ihm durch die öffentlichen Gesetze »Schirm und Schutz bieten«.

Großmachthunger und Expansionsdrang | Ende des 19. Jahrhunderts suchte das italienische Großkapital den Ausbruch aus seiner »Gefangenschaft im Mittelmeer«, dessen Ausgänge andere Großmächte besetzt hielten. Auch Italien wollte sich an der Aufteilung der Welt in Kolonien beteiligen. 1887 scheiterte ein Vorstoß von Eritrea aus ins äthiopische Hochland. 1889/90 wurde das Küstengebiet am Roten Meer zwischen den Häfen Assab und Massaua als Kolonie Eritrea erobert, danach der Südteil der Somalia-Halbinsel annektiert. Ein neuer Versuch, 1896 Äthiopien zu erobern, scheiterte wiederum. 1911 überfiel Italien Tripolitanien und die Kyrenaika und besetzte danach noch den Dodekanes.

Italien im Ersten Weltkrieg | Bei Ausbruch des Ersten Weltkrieges wechselte Italien vom Dreibund, zu dem es sich mit Deutschland und Österreich-Ungarn zusammengeschlossen hatte, auf die Seite der englisch-französischen Entente, die ihm im Kampf um die Neuaufteilung der Welt einen größeren Anteil an territorialen Gewinnen versprach; zum Beispiel das österreichische Südtirol. Am 24. Mai 1915 trat Italien in den Krieg ein.

Die Propagandatrommel rührte der frühere Sozialist Benito Mussolini, der seit 1901 in der ISP eine steile Karriere gemacht hatte und 1912 Chefredakteur der Parteizeitung *Avanti* geworden war. Nach seinem Übergang auf chauvinistische Positionen 1914 wurde er aus der Partei ausgeschlossen. Im Januar 1915 bildete er Fasci d'Azione Rivoluzionaria (revolutionäre Aktionsbünde), eine Vorläuferorganisation der faschistischen Bewegung, deren Mitglieder sich bereits als Faschisten (Fascisti) bezeichneten. Mussolini gründete das Kampfblatt *Popolo d'Italia*, das führende Kreise der Rüstungsindustrie finanzierten. Vor der Parlamentsabstimmung über den Kriegseintritt hetzte die Zeitung, die Abgeordneten, die noch nicht zum Kriegseintritt entschlossen seien – das waren vor allem die Sozialisten – sollten vor ein Kriegsgericht gestellt werden. Für das »Heil Italiens« seien, wenn notwendig, »einige Dutzend Abgeordnete zu erschießen«, andere »ins Zuchthaus zu stecken«.

Mit ihrer Ablehnung der Kriegskredite bezogen die italienischen Sozialisten als einzige westeuropäische Sektion der II. Internationale Antikriegspositionen, die sie bis zum Ende des Krieges beibehielten. Das war, wie Lenin schrieb, »eine Ausnahme für die Epoche der II. Internationale«.[2] Im Juni 1914 riefen ISP und CGdL zum Generalstreik auf. In Rom, Turin, Mailand, Genua, Florenz und Ancona kämpften die Arbeiter auf den Barrikaden, in der Romagna und den Marken riefen sie die Republik aus. Die Aufstände wurden blutig niedergeschlagen.

---

2 LW (= Lenin Werke, Ausgabe Berlin/DDR), Bd. 21, S. 100

Unter dem Einfluss der russischen Februarrevolution gingen die Lohnkämpfe am 22. August 1917 in Turin in einen Generalstreik und einen Aufstand gegen die Hungersnot und für die Beendigung des Krieges über. Nach fünftägigen Barrikadenkämpfen wurde auch diese Erhebung im Blut erstickt, circa 500 Arbeiter wurden umgebracht.

Die revolutionären Nachkriegskämpfe | Der Preis des italienischen Sieges waren 680.000 Tote, ca. eine Million Verwundete und Kriegskosten von 148 Milliarden Lire. Millionen streikten gegen die Abwälzung dieser Lasten auf das Volk. Im März 1919 erkämpften die Gewerkschaften den Achtstundenarbeitstag. Die ISP-Führung begrüßte mehrheitlich die russische Oktoberrevolution und beschloss, der Kommunistischen Internationale beizutreten.

Im Herbst 1920 besetzten Arbeiter alle großen Betriebe in Norditalien, wählten Fabrikräte und übernahmen die Leitung der Produktion, die sie durchweg zu 70 Prozent aufrechterhielten. Sie bildeten bewaffnete Rote Garden zur Verteidigung der Unternehmen. Im Süden nahm die Inbesitznahme von Ländereien der Latifondistas Massencharakter an. Dic Regierung war gezwungen, durch Dekret das Vorgehen der Bauern zu legalisieren. Aus Angst vor der Revolution oder Machtverlust begannen die reaktionärsten Kreise, auf Mussolini zu setzen, der im März 1919 Faschistische Kampfbünde (Fasci di Combattimento) bildete.

Antonio Gramsci gründete mit Palmiro Togliatti, Umberto Terracini und Angelo Tasca in der ISP die Gruppe Ordine Nuovo (Neue Ordnung), die ab 1. Mai die gleichnamige Zeitschrift herausgab. Die Gruppe wollte die ISP in eine revolutionäre Partei des Proletariats umgestalten. Auf dem Parteitag im Oktober 1919 im roten Bologna konnte sie ihre Forderungen weitgehend im Parteiprogramm durchsetzen. Lenin wertete die Ergebnisse als einen »glänzenden Sieg des Kommunismus«, warnte jedoch vor Illusionen.[3] Die Warnung bestätigte sich, als die Partei einen Monat später bei den Parlamentswahlen mit 32,4 Prozent die stärkste Fraktion wurde. Die Mehrheit der gewählten Parlamentarier waren Reformisten und Zentristen, deren These vom »friedlichen Hineinwachsen in den Sozialismus« durch den Wahlerfolg Auftrieb erhielt. Sie erreichten, dass die Fabrikräte sich auflösten oder mit Hilfe der Polizei zerschlagen wurden.

Gegen eine befürchtete Machtergreifung durch die revolutionären Linken entfesselten die von Mussolini geschaffenen Kampfbünde einen barbarischen Terror. Allein im ersten Halbjahr 1921 zerstörten sie, wie Tasca (Tasca, S. 439) enthüllte, nach unvollständigen Angaben 726 proletarische Einrichtungen, 59 Volksheime, 119 Gewerkschaftszentralen, 107 Genossenschaften, 83 Bauernligen, 141 Sektionen und Lokale der Sozialisten und Kommunisten, 100 Kulturheime, 28 Arbeitergewerkschaften, 53 Arbeiter- und Erholungsheime. Diesen blutigen Terror tarnte Mussolini mit ultra-revolutionären Phrasen. Die Faschisten führten eigene Fabrikbesetzungen durch, übernahmen die Losung der »Bildung von Fabrikräten«, verlangten die teilweise »Enteignung allen Reichtums«, die »Nationalisierung aller Rüstungsbetriebe«. Mit der Forderung nach Arbeitsplätzen gewannen sie Zehntausende Arbeitslose.

Die Gründung der Kommunistischen Partei | Auf dem XVII. Parteitag der ISP, der am 15. Januar 1921 in Livorno zusammentrat, wollten die Ordinuovisten die Zentristen für den Ausschluss der Reformisten aus der Partei gewinnen. Die Zentristen vertraten 98.028 Mitglieder, Ordine Nuovo 58.783 und die Reformisten 14.695. Mit dem Argument, die Einheit der Partei zu wahren, lehnten die Zentristen den Ausschluss ab. Die Ordinuovisten verließen am 21. Januar den Parteitag

3 LW, Bd. 30, S. 75

und gründeten die Kommunistische Partei Italiens, Sektion der Kommunistischen Internationale. Nach Auflösung der Komintern führte sie ab 1943 den Namen Italienische Kommunistische Partei (IKP).[4]

Der Parteitag wählte Amadeo Bordiga zum Generalsekretär. Dieser hatte entscheidend zu den Antikriegspositionen der ISP beigetragen, lehnte aber die Teilnahme an Wahlen und Formen des parlamentarischen Kampfes ab und verkannte die faschistische Gefahr sowie die Notwendigkeit einer breiten antifaschistischen Bündnispolitik.

3. Die faschistische Diktatur (1922-1945)

Im November 1921 formierte Mussolini aus den Fasci di Combattimento den Partito Nazionale Fascista (PNF). Von etwa 30.000 Anhängern 1919 war die Bewegung auf rund 320.000 Mitglieder angewachsen, die in 2.200 Fasci organisiert waren. Die Squadre d'Azione (den Sturmabteilungen der deutschen Faschisten, der SA, vergleichbar) wurden in den PNF eingegliedert, alle Parteimitglieder verpflichtet, ihnen beizutreten. Mussolini nannte sich von nun »Duce del Fascismo«.

Eine imperialistische Massenpartei | In Gestalt des PNF entstand eine Massenpartei, die eine neue, auf offen terroristische Gewalt setzende Organisation führender imperialistischer Kreise war. Die Gefolgschaft bestand überwiegend aus kleinbürgerlichen Schichten.[5] Ihre Mitglieder nannten sich Fascisti, und die Bewegung bezeichnete sich als Fascismo. Viele Sozialisten

---

4 Der Name IKP wird durchgehend verwendet.

5 Zur sozialen Zusammensetzung siehe Tasca, S. 195 (Alle Quellenangaben, auch im Text vermerkte Autoren, siehe Literaturverzeichnis).

erkannten zunächst den Charakter dieser Partei nicht. Seine Karriere in der ISP ermöglichte Mussolini, seiner pseudorevolutionären sozialistischen Tarnung einen glaubhaften Anschein zu verleihen und der Bewegung eine Massenbasis auch in der Arbeiterbewegung zu verschaffen.

Bei den Wahlen im Mai 1921 zog ein »Nationaler Block« bürgerlicher Parteien unter Beteiligung der Faschisten erstmals ins Parlament ein. Von den 265 Mandaten entfielen jedoch nur 36 auf den PNF. Die ISP erreichte 123 Sitze, die katholische Volkspartei 108. Die IKP gewann erstmals 15 Mandate. Mussolini drohte, »ich bin gegen das Parlament und gegen die Demokratie« und kündigte an: »Wir werden kein Parlamentsklub sein, sondern ein Aktions- und Exekutionskommando«.

Nach dem Sturz Ivanhoe Bonomis[6] kam am 18. März 1922 unter Luigi Facta die letzte liberale Regierung ins Amt. Facta ließ die Faschisten in ihrem Terror gegen die Linken meist gewähren. Wie Ordine Nuovo am 23. Juli 1921 berichtete, wurden im Jahr 1920 2.500 Italiener (Männer, Frauen, Kinder und Greise) von den Faschisten und öffentlichen Sicherheitskräften getötet, im ersten Halbjahr 1921 waren es ungefähr 1.500 Menschen. 20.000 Bewohner der Städte wurden ausgewiesen oder gezwungen zu fliehen. In der Emilia, der Romagna, der Toskana, in Umbrien und dem Veneto terrorisierten die Sturmabteilungen 15 Millionen Menschen. Die Behörden sahen dem blutigen Treiben tatenlos zu.

Der Marsch auf Rom | Großagrarier und Konzerne wie Conti, Pirelli, Agnelli, Benni, Donegani und Bennedetti finanzierten seit den Maiwahlen 1921 Mussolinis Vorbereitung auf eine bewaffnete Machtergreifung. Papst Pius XI. ergriff zusammen mit

---

6 Bonomi hatte sich geweigert, die mit dem Stahlkonzern Ansaldo liierte Diskonto-Bank zu sanieren und war daraufhin durch ein Misstrauensvotum gestürzt worden.

seinem Kardinalstaatssekretär Pietro Gasparri offen Partei für die Faschisten.

In Neapel beschloss der Kongress der Faschisten am 22. Oktober 1922 den »Marsch auf Rom«. Am 28. Oktober brachen 40.000 Squadristen nach der Hauptstadt auf. Mussolini traf am 28. Oktober in Mailand zu letzten Gesprächen mit der Confindustria, dem italienischen Unternehmerverband, zusammen. Der »Duce« beteuerte, dass die Sicherung der Interessen der Wirtschaft für ihn oberstes Anliegen sei. Pirelli war beeindruckt: »Welch ein Mann, dieser Mussolini, mit dem man sich so sachkundig über derartige Fragen unterhalten kann«.

Die Entscheidung der Confindustria, die Ernennung Mussolinis zum Regierungschef zu fordern, wurde Vittorio Emanuele mitgeteilt, der danach die von Premier Facta vorgeschlagene militärische Verteidigung der Hauptstadt ablehnte. Facta trat zurück. Während die Squadristen grölend durch die Straßen der Hauptstadt zogen, plündernd und mordend das Arbeiterviertel San Lorenzo heimsuchten, empfing der König den »Duce del Fascismo« und beauftragte ihn mit der Regierungsbildung. Am nächsten Tag legitimierten Nationalisten, Liberale und die katholische Volkspartei mit ihrem Eintritt in die Regierung den Putsch Mussolinis. Die Sozialisten lehnten ab.

Faschistische Diktatur, parlamentarisch getarnt | Neben der Monarchie musste Mussolini zunächst auch den parlamentarischen Rahmen beibehalten. So war seine erste Regierung formal gesehen, keine rein faschistische Exekutive. Von 15 Kabinettsressorts besetzte der PNF nur vier, darunter Mussolini die Ministerien für Äußeres und Inneres. Sieben Minister aus den bürgerlichen Parteien verschafften dem, seinem Charakter nach faschistischen Kabinett, ein parlamentarisch verbrämtes, bürgerlich-demokratisches Mäntelchen und nährten die Illusion, Mussolini müsse die Macht teilen und könne so unter Kontrolle gehalten werden.

Der »Duce« hob die Besteuerung aller Industrie- und Bankwerte der Besitzenden auf, widerrief die Übereignung unbebauten Großgrundbesitzerlandes an landlose und arme Bauern und beseitigte den Achtstundenarbeitstag. Die Löhne sanken um 13 Prozent und stagnierten danach. Im Dezember 1922 ernannte er einen Gran Consiglio del Fascismo (Großer Faschistischer Rat), der Gesetze erlassen und dabei das Parlament übergehen konnte. Die katholische Volkspartei verließ am 23. März 1923 das Kabinett. Der Vatikan missbilligte den Austritt. 1926 erklärte sie ihre Auflösung.

Für die am 6. April 1924 angesetzten Parlamentswahlen trat der PNF mit führenden Industriellen wie dem Präsidenten der Confindustria, Alfano Benni, und Gino Olivetti vom gleichnamigen Büromaschinenkonzern[7] auf einer gemeinsamen Liste an. Vor den Wahlen hatte Mussolini das Proporzsystem durch den Großen Faschistischen Rat modifizieren lassen. Wer die Mehrheit der Stimmen erhielt, sollte zwei Drittel der Sitze bekommen. So zogen 375 Abgeordnete ins Parlament ein, darunter 275 des PNF. Die übrigen Parteien erreichten 161 Mandate, von denen 24 bzw. 22 auf die Einheitssozialisten[8] und Sozialisten und 19 auf die Kommunisten entfielen. Die Volkspartei kam noch auf 39 Sitze. Die Liberalen stellten nur noch 15 Abgeordnete.

Die Matteotti-Krise | Während des Wahlkampfes herrschte der offene Terror. Der Führer der Einheitssozialisten, Giacomo Matteotti, prangerte in einer mutigen Rede die Verbrechen während des Wahlkampfs an und forderte, die Wahl für ungültig zu erklären. Gegen die manipulierten Wahlen entfalteten sich machtvolle Proteste, die das Regime in eine existenzielle Krise stürzten. Am 10. Juni 1924 wurde Matteotti in Rom von

---

7 Heute ein multinationaler Elektronikkonzern.

8 1920 von der ISP abgespaltene Sozialistische Einheitspartei, kehrte später in die ISP zurück.

Faschisten ermordet. Seine Leiche wurde erst am 16. August gefunden. Die IKP schlug einen Generalstreik mit den Forderungen vor: »Weg mit der Regierung der Mörder!« »Entwaffnung der faschistischen Garden!«, »Bildung einer Arbeiter- und Bauernregierung!«. Da die bürgerliche Opposition nicht angesprochen wurde, lehnten ihre Parteien ebenso wie auch die sozialistischen sowie die Gewerkschaften ab.

Kapital und Klerus retten den »Duce« | Die Confindustria versicherte Mussolini am 24. Juni 1924 ihrer »unwandelbaren Treue« und verurteilte die »intrigante Opposition«. Nach der Zusicherung von Konkordatsverhandlungen zur Lösung der »römischen Frage«, lobte auch der *Osservatore Romano* die feste Haltung des »Duce« und wandte sich gegen antifaschistische Aktionen. Dank dieser Hilfe entging Mussolini seinem Sturz und konnte an der Jahreswende 1926/27 eine offene terroristische Diktatur errichten. Alle kommunistischen Abgeordneten, derer die Polizei habhaft werden konnte, wurden unter Missachtung ihrer Abgeordnetenimmunität verhaftet, darunter auch Antonio Gramsci. Alle nicht faschistischen Parteien und Organisationen sowie ihre Zeitungen wurden verboten. Das Regime kerkerte über 2.000 Kommunisten ein. Ein Sondertribunal verurteilte 37 führende Kommunisten zu langjährigen Haftstrafen, Antonio Gramsci zu 20 Jahren. Auch viele bürgerliche Oppositionelle wurden verfolgt, umgebracht, eingesperrt oder mussten emigrieren.

Die am 11. Februar 1929 geschlossenen Lateranverträge zwischen dem Vatikan und dem italienischen Staat – ein Staatsvertrag, das Konkordat und ein Finanzabkommen – hoben wesentliche Ergebnisse des Risorgimento auf. Der Staatsvertrag anerkannte die Souveränität des Heiligen Stuhls auf internationaler Ebene mit dem Vatikan als neuem Staat und dem Papst als dessen Staatsoberhaupt. Das ermöglichte diesem, seine 1870 beseitigte weltliche Herrschaft wieder zu errichten. Im Konkordat wurde die Trennung von Kirche und Staat in wesentlichen Punkten aufgehoben und der Katholizismus als »einzige Religion des Staates« festgeschrieben. Kirchliche Ehen erhielten alle bürgerlichen Rechte zuerkannt. Ehescheidungen bedurften der Zustimmung der Kirche. Mit dem Artikel, dass die Bischöfe dem Staat ihre Treue bekunden, wurde der unter Leo XIII. geschlossene Pakt zwischen Katholizismus und Staat, diesmal dem faschistischen, neu aufgelegt. Für seine 1870/71 säkularisierten Besitztümer erhielt der Papst 1.750 Milliarden Lire Entschädigung. Pius XI. hob die persönlichen Verdienste des »Duce« am Zustandekommen der Verträge ausdrücklich hervor und nannte ihn »einen Mann, mit dem uns die Vorsehung zusammenführte«.

Die IKP setzte als einzige Partei in der Illegalität ihre Arbeit im Lande fort. Die bürgerlichen Parteien, ausgenommen die katholische Volkspartei, hörten faktisch auf zu existieren. Zu den Liberalen, die Wegbereiter des Machtantritts Mussolinis gewesen waren, sich danach aber von diesem trennten oder den Faschismus auch nur ablehnten, gehörte der bedeutende Philosoph Benedetto Croce. Die antifaschistische Haltung bürgerlicher Kreise zwang den Papst, verfolgten Funktionären der Katholischen Volkspartei PPI im Vatikan Zuflucht zu gewähren. Alcide De Gasperi, der eine Gefängnisstrafe verbüßen musste, scharte Oppositionelle um sich, die vor dem Sturz Mussolinis 1943 aus den Resten des PPI die Democrazia Cristiana (DC) gründeten.

Gramscis antifaschistische Bündniskonzeption | Nach der Matteotti-Krise erarbeitete Gramsci eine antifaschistische Strategie, in der er den »Faschismus als Instrument einer Industrie-Agraroligarchie« charakterisierte, die »in den Händen des Kapitals die Kontrolle des gesamten Reichtums des Landes« konzentriere. Er zeigte Unterschiede zur Lage 1917 in Russland auf und schlussfolgerte, dass nach der Machtergreifung des

Faschismus die proletarische Revolution zunächst nicht mehr auf der Tagesordnung stand. Gramsci verband den Kampf für den Sozialismus mit der Verteidigung bzw. der Eroberung der Demokratie. Seine These vom »Historischen Block« besagte, die Arbeiterklasse müsse »eine Politik betreiben, die es ihr erlaubt, sich an die Spitze der anderen Klassen, die antikapitalistische Interessen haben, zu stellen und sie in den Kampf zum Sturz der bürgerlichen Gesellschaft zu führen«. Dazu seien Kompromisse erforderlich, bei denen die Zugeständnisse der KP jedoch nicht das Wesentliche, nämlich »die entscheidende Rolle (...), die ökonomischen Aktivitäten der führenden Kraft« betreffen dürften, worunter die Beseitigung der kapitalistischen Gesellschaft und die Herstellung einer sozialistischen Ordnung zu verstehen war.[9] Die IKP lehnte die Sozialfaschismusthese des VI. Kongresses der Kommunistischen Internationale ab und verstand die Sozialdemokratie als Teil der Arbeiterbewegung.

Der illegale Lyoner Parteitag 1926 bestätigte Gramscis Konzeption als »Thesen von Lyon« und Parteiprogramm und wählte ihn an Stelle Bordigas zum Generalsekretär. Gramsci nahm auf die weitere Politik der Partei aus dem Kerker heraus großen Einfluss. 1937 wurde er im Ergebnis einer internationalen Protestbewegung todkrank aus dem Gefängnis entlassen. Kurz darauf starb er.

In den 1930er Jahren erreichte das Regime mit der Mehrheit der Bevölkerung Konsens. Dem PNF gehörten 1939 über zwei Millionen Mitglieder an. Seit 1932/33 mussten Mitarbeiter des öffentlichen Dienstes der Partei angehören. Arbeitslose, die in den PNF eintraten, wurden bei der Vergabe von Arbeitsplätzen bevorzugt. Obwohl der PNF seine Massenbasis in den Mittelschichten hatte, war es ihm gelungen, auch noch weiter in die Arbeiterklasse einzudringen. Das 1925 gegründete Ope-

---

9 Problemi di Storia del PCI, S. 29, La Formazione del Gruppo dirigente, S. 468; Gramsci: Zu Politik, Geschichte und Kultur, S. 139ff.

ra Nazionale Dopolavoro (Nationales Werk für Freizeit) zählte vier Millionen Mitglieder. Die Organisation durchdrang mit Chören und Theatergruppen, Wanderungen, Film- und Sportveranstaltungen weitgehend die gesamte Freizeitgestaltung. Ihre Mitglieder genossen vielseitige Vergünstigungen, die von Fahrpreisermäßigungen über verbilligte Eintrittskarten bis zu Vorteilen bei Versicherungen reichten.

Die faschistischen Expansionen | Im Rahmen seiner Großitalien-Pläne unterwarf Mussolini 1926 Albanien durch dem Land aufgezwungene Verträge und annektierte es 1939 militärisch. 1925 wurde die Eroberung Tripolitaniens und 1929 des Fessan abgeschlossen, 1930 die Kyrenaika besetzt. Am 3. Oktober 1935 überfiel Italien Äthiopien. 38 italienische Kommunisten kämpften in den Reihen der Armee Kaiser Selassies gegen die Truppen Mussolinis. Unter ihnen befand sich der spätere Kommandeur der internationalen Garibaldi-Brigade in Spanien, Ilio Barontini.

Als die Offensive gegen Äthiopien zum Stehen kam, setzte Mussolini das Giftgas Yperit ein. Von den 275.000 Toten auf äthiopischer Seite, kamen viele durch das Giftgas um. Am 5. Mai 1936 zog die Kolonialarmee in Addis Abeba ein. Am 1. Juni bildete Mussolini aus Äthiopien, Eritrea und Italienisch Somaliland die Kolonie Italienisch Ostafrika. Vittorio Emanuele III. ernannte sich zum äthiopischen Kaiser. Der römische Klerus feierte Mussolini als »einen wunderbaren Duce, der das Kreuz Christi in alle Welt trägt«. Nach einem erfolglosen Attentat gegen den Generalgouverneur der neuen Kolonie, Marschall Rodolfo Graziani, befahl dieser am 19. Februar 1937 ein Massaker, dem allein in der Hauptstadt 30.000 Menschen zum Opfer fielen. Insgesamt wurden unter der faschistischen Herrschaft etwa 750.000 Äthiopier ermordet.

Mussolini und Hitler | Das Mussolini-Regime war Vorbild für faschistische Bewegungen in Europa und beeinflusste auch die Entwicklung des deutschen Faschismus. Das zeigte sich im Einfluss der »Führerpersönlichkeit« Mussolinis auf Hitler, in der Übernahme der Strukturen seiner Bewegung, der sozialen Demagogie mit geschickt eingesetzten »sozialen Wohltaten« und des Terrors. Hitler nannte seine Sturmabteilungen nach Mussolinis Squadre d'Azione. Er übernahm den Führertitel »Duce« und den »römischen Gruß«. Große Kreise des deutschen Kapitals begannen, sich auf eine bürgerliche Partei faschistischen Typs, wie sie Hitler aufbaute, zu orientieren. Sie finanzierten ihn, damit er nach dem Vorbild Mussolinis einen ebenso erfolgreichen »Marsch auf Berlin« durchführen könnte.[10]

Nach Hitlers Machtantritt zeigten sich Interessensgegensätze zwischen den deutschen und italienischen Faschisten. Als der »Führer« nach einem gescheiterten Putsch österreichischer Nazis, in dessen Verlauf sie den austrofaschistischen Bundeskanzler Engelbert Dollfuß ermordeten, in Wien einmarschieren wollte, schickte Mussolini vier Divisionen an die Brennergrenze. Hitler verschob daraufhin den »Anschluss«.[11]

Intervention in Spanien und wachsender antifaschistischer Widerstand | Zur Unterstützung des Putsches der Franco-Faschisten gegen die spanische Volksfrontregierung schickte Mussolini ab Januar 1937 ein Korps, das eine Truppenstärke von 150.000 Soldaten erreichte. Es verfügte über 800 Kampfflugzeuge, 8.000 Panzer und gepanzerte Fahrzeuge und 90 Kriegs- und Transportschiffe. Internationale Brigaden kamen der Spanischen Republik zu Hilfe. Unter den 40.000 bis

10 Kurt Gossweiler, S. 304

11 Nach Mussolinis Überfall auf Äthiopien zahlte Hitler ihm zunächst diese Position heim und lieferte Kaiser Haile Selassie eine begrenzte Zahl Waffen, Munition und Ausrüstungen. Manfred Funke, S. 43ff..

50.000 Kämpfern aus 54 Ländern befanden sich 3.354 Italiener. 1.119 waren Mitglieder der Kommunistischen Partei, 310 gehörten der ISP an, die übrigen waren meist parteilos. Der IKP-Vorsitzende Luigi Longo übernahm als Generalinspekteur das Kommando über alle Internationalen Brigaden. Nach einer schweren Verwundung kam er 1939 nach Frankreich, wurde ins Konzentrationslager Vernet eingeliefert, 1941 nach Italien ausgeliefert und bis zum Sturz Mussolinis im Juli 1943 eingekerkert. In Spanien bekräftigten und vertieften Kommunisten und Sozialisten am 27. Juli 1937 das 1934 geschlossene Aktionseinheitsabkommen mit dem klar definierten Ziel der »Beseitigung des Faschismus und Kapitalismus und des Aufbaus einer sozialistischen Gesellschaft«. Als eine Etappe benannten seine Unterzeichner die »Errichtung einer demokratischen Republik unter Führung der Arbeiterklasse«, die »dem Volk Brot, Frieden und Freiheit sichert und die erforderlichen Maßnahmen ergreift, um die ökonomischen Grundlagen der Reaktion und des Faschismus vollständig zu zerstören«. Zur drohenden Gefahr eines europäischen oder Weltkrieges hieß es: »Wenn ein solcher Konflikt ausbrechen sollte, wird ihn das Proletariat zur Grabstätte des Faschismus machen.«[12] Studenten, Wissenschaftler, Schriftsteller und Künstler schlossen sich innerhalb Italiens der durch die Aktionseinheit gestärkten antifaschistischen Bewegung an. Die Gruppe Giustizia e Libertà, die zahlreiche Intellektuelle vereinigte, konstituierte sich Anfang 1943 als Aktionspartei (PdA).

Eintritt in den Zweiten Weltkrieg | Nach der Annexion Österreichs 1938 durch Hitler beteiligte Mussolini sich am Münchener Abkommen. Im Mai 1939 schloss er mit Deutschland einen »Stahlpakt« zum gegenseitigen Beistand im Kriegsfall. Am 10. Juni 1940 trat Italien in den Krieg ein. Die Angriffe

12 Palmiro Togliatti: Il Partito comunista italiano, S. 81

an der Alpenfront übten jedoch keinen Einfluss auf die Kampfhandlungen der Wehrmacht in Frankreich aus.

Im Oktober 1940 und März 1941 scheiterten Überfälle des »Duce« auf Griechenland. Danach überfiel Hitler am 6. April 1941 Jugoslawien und Griechenland. Im Sommer 1940 drang Mussolini in Sudan, Kenia und Britisch Somaliland ein, im September von Libyen aus in Ägypten bis Sidi Barrani. Die abenteuerlichen Vorstöße scheiterten. Am 18. Mai 1941 kapitulierte Italien in Ostafrika. In Nordafrika kam ihm im Februar 1941 das deutsche Afrikakorps zu Hilfe.

Stalingrad und El Alamein | Zur Erfüllung des »Stahlpaktes« schickte Mussolini gegen die UdSSR eine 230.000 Mann starke Armata Italiana in Russia (ARMIR). Während der sowjetischen Gegenoffensive wurde sie zwischen dem 11. und 22. Dezember 1942 in der verschneiten Donezsteppe eingekesselt und größtenteils vernichtet. Ein Bericht des italienischen Generalstabes besagte, dass die deutschen Verbündeten während des schrecklichen Rückzugs den »Italienern stets jegliche Hilfe versagten, unsere Verwundeten ohne Transportmittel und ohne erforderliche Versorgung zurückließen. Der Mythos von der Unbesiegbarkeit der Hitlerwehrmacht war dahin. Das führte in Rom zu ersten Einsichten, dass der Krieg nicht mehr zu gewinnen war. Marschall Badoglio traf im November 1942 in Mailand mit führenden Großindustriellen und Größen der Faschistischen Partei, darunter Mussolinis Schwiegersohn, Graf Galleazzo Ciano, zusammen, um ein Ausscheiden aus der faschistischen Achse zu erörtern. Von der bürgerlichen Opposition nahm De Gasperi teil.

Nach der Niederlage Rommels bei El Alamein brachte die Eroberung von Tunis und Biserta durch deutsche Luftlandetruppen im November 1942 nur vorübergehend eine Entlastung. Am 13. Mai 1943 kapitulierte am Kap Bon nahe Tunis die aus 250.000 Deutschen und Italienern bestehende Heeresgruppe Afrika.

Antifaschistische Einheitsfront und Palastrevolte | Im Herbst 1941 gründeten Kommunisten, Sozialisten und Giustizia e Libertà ein Antikriegskomitee, dem nach Anschluss weiterer Antifaschisten im Herbst 1942 die Bildung eines Komitees der nationalen Einheit folgte. Antikriegsstreiks in der FIAT-Metropole Turin und in weiteren norditalienischen Städten im März 1943 gaben der antifaschistischen Bewegung zusätzlichen Auftrieb.

Nach der alliierten Landung am 9. Juli auf Sizilien setzten Palastverschwörer den »Duce« am 24./25. Juli auf einer Sitzung des Faschistischen Großrates ab und inhaftierten ihn nordöstlich von Rom auf dem 2.914 Meter hohen Gran Sasso in den Abruzzen. Der König beauftragte Marschall Badoglio mit der Bildung einer Militärregierung. Der Sturz des »Duce« wurde von der Bevölkerung jubelnd begrüßt. Eine beträchtliche Zahl faschistischer Parteigrößen floh nach Deutschland.

Um die Deutschen zu beruhigen, erklärte Badoglio, den Krieg fortzusetzen, schickte aber insgeheim General Giuseppe Castellano nach Lissabon, wo dieser am 30. Juli in der britischen Botschaft mit dem US-amerikanischen General Walter Bedell Smith zur Vereinbarung eines Waffenstillstands zusammentraf. Die Unterzeichnung durch den angloamerikanischen Oberkommandierenden im Mittelmeerraum, US-General Dwight D. Eisenhower, und Castellano fand am 3. September in Casibile auf Sizilien statt. Damit schieden 3,5 Millionen italienische Soldaten aus der Achse aus. Mit der Kriegserklärung am 13. Oktober 1943 an Hitlerdeutschland wechselte Italien auf die Seite der Antihitlerkoalition.

Hitlerdeutschland okkupiert Italien | Nach der Bekanntgabe des Waffenstillstands am 8. September besetzte die Wehrmacht mit 30 Divisionen Nord- und Mittelitalien. Am 12. September wurde Mussolini von einem SS-Kommando unter Sturmbannführer Otto Skorzeny vom Gran Sasso geholt und nach

Deutschland gebracht. Am 9. September konstituierten sich ein Nationales Befreiungskomitee (Comitato di Liberazione Nazionale – CLN), das alle Italiener zum Kampf gegen den Faschismus und für ein freies Italien aufrief. Dem CLN gehörten IKP, ISP, PdA, DC und PLI (Partito Liberale Italiano) an. Nach dem Aufruf entstanden erste Partisanen-Einheiten.

Der König und die Regierung Badoglio flohen am 9. September aus Rom zu den Alliierten, die bei Salerno und Taranto am Vortage eine Landeoperation begonnen hatten, und überließen die Armee ohne klare Befehle ihrem Schicksal. Etwa 200.000 Mann, darunter Teile einer Armee und über zehn Divisionen, leisteten in Italien sowie auf dem Balkan und auf Korsika ihrer Entwaffnung durch die deutsche Wehrmacht zum Teil über zwei Monate erbitterten Widerstand. Viele italienische Kommandeure rechneten mit der Unterstützung der Angloamerikaner, da Eisenhower den Einsatz eines Luftwaffenverbandes bei Rom zugesagt hatte. Im Vertrauen darauf eröffnete in Rom General Giacomo Carboni mit vier Divisionen die Kampfhandlungen gegen die Hitlerwehrmacht. An der Seite der Division Granatieri zogen erste Partisanen, die Luigi Longo formiert hatte, am 8. September an der Porta San Paolo ins Gefecht. Da Eisenhower sein Wort brach, stellten die Italiener angesichts der Übermacht der deutschen Truppen den Kampf nach vier Tagen ein.

Der Preis der Haltung Eisenhowers war nicht nur der Verlust des größten Teils der italienischen Streitkräfte, die von der Wehrmacht entwaffnet wurden, sondern auch, dass Hunderttausende Soldaten ihren Widerstand gegen die Okkupation mit dem Tod oder der Deportation nach Deutschland bezahlten. Als die mehr als 600.000 in Gefangenschaft nach Deutschland verbrachten italienischen Soldaten sich überwiegend weigerten, in der Salò-Republik an der Seite der Wehrmacht weiter zu kämpfen, wurden 30.000 von ihnen umgebracht und über 60.000 in Konzentrationslager verschleppt.

Das Marionettenregime von Salò | Mussolini kehrte am 23. September 1943 in das von der Wehrmacht besetzte Italien zurück und bildete eine neue Regierung. Am 25. Oktober proklamierte er eine Repubblica Sociale Italiano (RSI), die als reines Marionettenregime völlig der Herrschaft Hitlerdeutschlands unterworfen war. Im November 1943 nannte Mussolini in Verona seine Partei in Partito Fascista Repubblicano um und versuchte in einem Manifest mit der »Kampfansage an die Plutokratien der Welt«, der Abschaffung des Kapitalismus und der Sozialisierung der Betriebe die soziale Demagogie neu zu beleben.

In der Salò-Republik führten Wehrmacht, SS, Gestapo und Sicherheitspolizei mit ihren italienischen Erfüllungsgehilfen, den neu aufgestellten Camicie Nere (Schwarzhemden) und der Miliz, gegen die italienische Bevölkerung einen grausamen und erbarmungslosen Krieg. Für Geiselerschießungen, das Niederbrennen von Dörfern, Mord und Folter stehen als Beispiele die Ardeatinischen Höhlen bei Rom (am 23./24. März 335 durch Genickschuss ermordete Geiseln), die Gemeinde Marzabotto (im September 1944 1.830 viehisch umgebrachte Bewohner). Im statistischen Mittel wurden in der Salò-Republik, ohne die gefallenen Partisanen und regulären Soldaten einzubeziehen, täglich 165 Kinder, Frauen und Männer jeden Alters umgebracht.

Die »Wende von Salerno« | Nach einer Konzeption Togliattis, der am 27. März aus der Emigration zurückgekehrt war, traten im April 1944 in Salerno die antifaschistischen Oppositionsparteien (IKP, ISP, PdA, DC und PLI) in die Regierung Badoglio ein, die damit den Charakter einer Regierung der nationalen Einheit annahm und ein Bekenntnis zum Antifaschismus ablegte (»Wende von Salerno«). Nach der Einnahme von Rom durch die Alliierten am 4. Juni 1944 setzte das CLN die Abdankung des Königs durch. Als Kompromiss wurde Kronprinz

Umberto als Statthalter eingesetzt. Gleichzeitig wurde Badoglio zum Rücktritt gezwungen und der Liberale Ivanhoe Bonomi vom CLN zum Ministerpräsidenten berufen. Mit Zustimmung der Besatzungsmacht setzte Bonomi das CLN in Norditalien (CLNAI) in den noch besetzten Gebieten als Organ mit Regierungsvollmachten ein. Im »Römischen Protokoll« zwischen dem Alliierten Kommando in Italien und dem Generalkommando der Partisanenarmee wurde das am 7. Dezember 1944 in Rom bestätigt.

Die Partisanenarmee | Anfang 1944 banden die Partisanen in den besetzten Gebieten mit ihren Operationen 15 Divisionen der Wehrmacht. In den Westalpen und dem Nordapennin entstanden im Frühjahr 1944 zwei Partisanenrepubliken und danach zeitweise 15 befreite Gebiete, in denen die örtlichen Befreiungskomitees die Macht ausübten und antifaschistisch-demokratische Umgestaltungen einleiteten. Die Partisanenarmee wuchs bis zum Ende des Kriegs auf 256.000 reguläre Kämpfer an, die IKP stellte mit ihren Garibaldi-Brigaden davon 155.000. Daneben gab es 70 sozialistische Matteotti-Brigaden, 198 von der PdA formierte, Giustizia e Libertà genannte, und 181 vor allem auf die DC ausgerichtete Brigaden des Volkes. 206.000 Partisanen zählten die meist aus Kommunisten bestehenden örtlichen Gruppi di Azione Patriottica (GAP).

Die Hinrichtung des »Duce« | Am 18. April 1945 traten die Arbeiterinnen und Arbeiter von FIAT in Turin und weiterer Betriebe in anderen Städten Norditaliens in den Generalstreik. Am 25. April wurden diese Städte, noch vor dem Eintreffen der alliierten Truppen, durch den bewaffneten Aufstand befreit. Die Partisanenarmee eröffnete zwischen Piemont und Venetien auf einer Breite von über 400 Kilometern ihre letzte Offensive. In Genua kapitulierten vor den Partisanen 9.000 Mann, am 27. April das gesamte X. Panzerkorps der Wehrmacht. Am

30. April nahmen Garibaldisten am Monte Grappa 33.000 deutsche Soldaten gefangen. Insgesamt ergaben sich zwischen dem 25. April und dem 4. Mai allein im Veneto 140.000 Soldaten der Wehrmacht den Partisanen.

Am 25. April übernahm das CLNAI in Mailand die Macht, erklärte den Ausnahmezustand und richtete Kriegsgerichte ein. Es erließ Dekrete über die Organisation der Justiz sowie der Verwaltung und forderte alle italienischen Faschisten auf, bedingungslos zu kapitulieren. Die Dekrete bildeten die gesetzliche Grundlage für die Erschießung von insgesamt 1.732 Faschisten, die der Aufforderung, sich zu ergeben, nicht nachkamen. Darunter fiel auch die Hinrichtung des »Duce«.

Mussolini floh zusammen mit mehreren faschistischen Größen unter dem Schutz einer deutschen SS-Einheit aus Mailand in Richtung Schweiz. Am Morgen des 27. April wurde die Kolonne hinter Como bei der Ortschaft Dongo von einer Partisanen-Einheit gestoppt und Mussolini mit seiner Begleitung festgenommen. Das Befreiungskomitee entsandte aus Mailand ein Exekutionskommando unter Oberst Walter Audisio, das am 28. April an Mussolini und seiner Begleitung die Todesurteile – entsprechend der Dekrete des CLNAI – vollstreckte. In der Situation des Ausnahmezustandes wurde auch die Geliebte Mussolinis, Clara Petacci, gegen die kein Urteil vorlag, erschossen.[13] Die Leichen wurden nach Mailand gebracht und auf der Piazzale Loreto mit den Köpfen nach unten aufgehängt, wo die Mussolini-Faschisten am 12. August 1944 fünfzehn ermordete Geiseln so zur Schau gestellt hatten. Der Vertreter der Militärregierung, Oberst Charles Poletti, sprach auf einem Empfang dem CLN und den Partisanen »unsere vollste Anerkennung für ihre bewundernswerte Operation« aus.

13 Später wurde versucht, Audisio wegen der Erschießung der Petacci vor Gericht zu stellen. Da er Abgeordneter war und das Parlament seine Immunität nicht aufhob, kam ein Prozess nicht zustande.

4. Im Schatten des Kalten Krieges (1946-1970/71)

Nach der Niederlage des Faschismus standen die Linken (Kommunisten, Sozialisten, die Aktionspartei), zusammen mit bürgerlichen Schichten an ihrer Seite, vor der Aufgabe, die politischen und sozialökonomischen Grundlagen des Faschismus zu beseitigen und eine antifaschistische, antiimperialistische, revolutionär-demokratische Umgestaltung einzuleiten. Es wäre möglich gewesen, mit dieser ersten Etappe die Grundlagen für eine spätere sozialistische Entwicklung zu schaffen. Dabei wäre von einem langfristigen Prozess auszugehen gewesen, in dessen Verlauf auch mit Stagnation und Rückschlägen hätte gerechnet werden müssen.

Eine revolutionäre Situation | Bis zum Spätherbst 1945 bestand eine klassische revolutionäre Situation: Der italienische Imperialismus war militärisch geschlagen, seine ökonomischen und politischen Positionen ernsthaft erschüttert. Er verfügte über keine ihm hörige Regierung mehr. Die großbourgeoisen Vertreter in der antifaschistischen Einheitsregierung befanden sich in der Minderheit und mussten lavieren.

Zwischen IKP und ISP bestand ein Aktionseinheitsabkommen. Die Kommunalwahlen im März 1946 und die im Juni folgenden Wahlen zur Verfassungsgebenden Versammlung zeigten, dass IKP und ISP mit jeweils zusammen rund 40 Prozent Stimmen über eine breite Massenbasis verfügten. Im Juni 1945 zwangen sie den rechten Ministerpräsidenten Bonomi zum Rücktritt und setzten als Nachfolger den Aktionisten Ferrucio Parri durch. In den meisten Städten und Gemeinden Norditaliens übten die mehrheitlich aus Kommunisten und Sozialisten bestehenden Komitees des CLNAI die Macht aus und leiteten antiimperialistische revolutionär-demokratische Umgestaltungen ein. Im Süden hatten Landarbeiter, Tagelöhner und Halbpächter das Land der durchweg zu den Faschisten gehörenden Latifondistas besetzt. Die IKP hatte in der Einheitsregierung ein Dekret durchgesetzt, das die Inbesitznahme legalisierte. Die weit über eine halbe Million Mitglieder zählenden Partisanenformationen, die zu 85 bis 90 Prozent aus Arbeitern und Bauern bestanden, bildeten den Kern einer kampfentschlossenen Basis.

Unterschiedliche Meinungen in der IKP-Führung | Eine von Togliatti angeführte Gruppe wollte das antifaschistische Bündnis mit den großbürgerlichen Kräften auf Regierungsebene weiterführen und setzte für antifaschistisch-demokratische Veränderungen auf den parlamentarischen Weg. Eine zweite Gruppe mit Longo, der von den Partisanen der IKP, aber auch der ISP und der PdA unterstützt wurde, trat zwar ebenfalls für zunächst antifaschistisch-demokratische Veränderungen ein, forderte jedoch eine darüber hinausweisende klare sozialistische Orientierung, die durch revolutionäre Massenaktionen unterstützt werden sollte. Togliatti vermied zwar, eine sozialistische Perspektive zu benennen, forderte aber im Rahmen der antifaschistisch-demokratischen Umwälzung, das Eigentum des Großkapitals und der Großagrarier durch Nationalisierungen und eine Agrarreform zu beschneiden. Der 5. Parteitag im Januar 1946 folgte Togliatti und bekräftigte diese Forderungen. Die führenden Kapitalkreise und das Königshaus lehnten diese Maßnahmen entschieden ab.

Internationale Faktoren günstig | Mit der auf Bitten Churchills von Stalin gewährten Unterstützung der angloamerikanischen Truppen bei der Abwehr der Ardennenoffensive der Wehrmacht im Januar 1945 hatte die Antihitlerkoalition noch einmal einen Höhepunkt erlebt. Ebenfalls auf Drängen der Alliierten war die UdSSR in den Krieg gegen Japan eingetreten und hatte am 9. August 1945 eine Fernostoffensive begonnen, in deren Verlauf sie die rund eine Million starke Kwantung-Armee zerschlagen hatte. Es war fraglich, ob die USA in Italien im Frühjahr 1945, wie Großbritannien 1944 in Griechenland, die offene militärische Konfrontation mit der antifaschistischen Bewegung gewagt hätten.

Der UdSSR ging es, ausgehend von der Erklärung der Krim-Konferenz[14] (»Einigkeit im Frieden wie im Krieg«), um die Erhaltung der Antihitlerkoalition in der Nachkriegsphase. Dieses Ziel wollte Togliatti innenpolitisch flankieren und das im Befreiungskrieg gegen Hitlerdeutschland geschlossene Bündnis mit den großbürgerlichen Parteien, vor allem mit der DC, auch in Hinblick auf die antifaschistisch-demokratische Umgestaltung fortsetzen. Es war allerdings fraglich, ob mit den großbürgerlichen Parteien solche Umgestaltungen, die einen antiimperialistischen Inhalt erhalten mussten, möglich sein würden.

Schwerwiegende Kompromisse | Die IKP machte in der Folge problematische Zugeständnisse. Sie stimmte der Entwaffnung und Auflösung aller Partisanenverbände zu; ebenso der Amtsenthebung der örtlichen Befreiungskomitees als Regierungsorgane. Im Juni 1945 fügte sich Togliatti als Justizminister der Auflösung des »Hohen Kommissariats zur Verfolgung der Regimeverbrecher« und einer folgenden sogenannten »Amnestie der nationalen Versöhnung«. Damit fanden die begrenzten Säuberungen im öffentlichen Dienst ein Ende. Zu den Freigelassenen gehörte der Chef der berüchtigten 10. Torpedoboot-Flottille, Fürst Valerio Borghese, der wegen wenigstens 800-fachen Mordes an Widerstandskämpfern als Kriegsverbrecher verurteilt worden war. Diese Zugeständnisse begünstigten im August 1945 die Bildung der faschistischen Sammlungsbewegung

14 Treffen der Regierungschefs der UdSSR, der USA und Großbritanniens vom 4. Bis 11. Februar 1945 in Jalta.

Uomo Qualunque (Jedermann), aus der im Dezember 1946 das Movimento Sociale Italiano (MSI) als Mussolini-Nachfolgepartei hervorging. Die IKP nahm überdies hin, der Verfassungsgebenden Versammlung keine Gesetzgebungsvollmachten zu übertragen, sondern diese bei der Regierung zu belassen. In der Konstituante stimmte sie auch noch für die Sanktionierung der unter dem Mussolini-Regime geschlossenen Lateranverträge, was die Positionen des reaktionären Klerus und der DC-Rechten stärkte.

Im Dezember 1945 zwangen Liberale und Christdemokraten Ferrucio Parri zum Rücktritt und setzten Alcide De Gasperi als seinen Nachfolger durch. Mit der Ausrufung des Prinzregenten zum König Umberto II. am 9. Mai 1946 wurde das 1944 geschlossene Abkommen über die Statthalterschaft gebrochen.

Letzter Sieg der Resistenza | Im Referendum am 2. Juni 1946 erzielte die Resistenza mit 12.717.923 Stimmen für die Republik (54,3 Prozent) ihren letzten Sieg. Unter den 45,7 Prozent, die für die Monarchie votierten, befanden sich viele Anhänger der DC. Bei den gleichzeitig stattfindenden Wahlen zur Verfassungsgebenden Versammlung erreichten die DC 35,2, die ISP 20,7 und die IKP 18,9 Prozent. Die Aktionspartei, die im antifaschistischen Widerstand eine aktive Rolle gespielt hatte, erreichte nur 1,5 Prozent. Der zur Wahl zugelassene Uomo Qualunque kam auf 5,3 Prozent, die Monarchisten erreichten 2,8 Prozent. Als die Königsfamilie sich weigerte, die Referendumsergebnisse anzuerkennen und ihre Anhänger bei ihrer feindseligen Haltung gegenüber der Republik blieben, wurden sie des Landes verwiesen und es wurde in der Verfassung für die männlichen Savoyer ein Rückkehrverbot festgeschrieben.

Am 25. Juni 1946 wurde die Verfassungsgebende Versammlung eröffnet. Der von der DC angeführte bürgerliche Block mit Liberalen und Republikanern verfügte über 271 der 556 Sitze, die Linken (IKP, ISP und PdA) über 226. Mit den

Stimmen der DC wurde der Kommunist Umberto Terracini zum Präsidenten der Versammlung gewählt, während die Abgeordneten der IKP für den Liberalen De Nicola als provisorisches Staatsoberhaupt votierten.

Die Verfassung schrieb die republikanische Staatsform fest, verankerte die zentrale Rolle des Parlaments mit der Verantwortung der Regierung ihm gegenüber, bestimmte die Wahl, bezogen auf die Abgeordnetenkammer, nach dem Verhältniswahlrecht und verkündete bürgerliche Grundrechte. Den Senat als zweite Kammer gab es bereits unter der Monarchie. Zwar gelang es nicht, eine Veränderung der Eigentums- und Produktionsverhältnisse verbindlich festzulegen, jedoch zukunftsweisende programmatische Grundsätze festzuschreiben. So in Artikel 1: »Italien ist eine auf der Arbeit begründete Demokratische Republik«. Oder in Artikel 4 das »Recht auf Arbeit« für alle Bürger. Für die Landwirtschaft wurde das Ziel einer Veränderung der Besitzverhältnisse aufgenommen.

Die Verkündung des 25. April (Tag des bewaffneten Aufstands in Norditalien) als Nationalfeiertag charakterisierte die Republik als ein Ergebnis der Resistenza. Das bereits in einer Übergangsbestimmung enthaltene Verbot der »Reorganisation der aufgelösten faschistischen Partei ganz gleich in welcher Form«, stellte angesichts der Gründung des MSI im Dezember 1946 nur eine reine Formalität dar. Die Verfassung wurde am 22. Dezember 1947 mit 453 Für- und 62 Gegenstimmen verabschiedet und am 1. Januar 1948 in Kraft gesetzt.

Wirtschaftsaufschwung und soziale Gegensätze | Gegen die Landbesetzungen der Tagelöhner und Pächter in ihrem Kampf um Boden riefen die Latifondistas die Mafia zu Hilfe, die zum Schutz des Großgrundbesitzes bewaffnete Banden aufstellte. Als im Herbst 1949 bei Zusammenstößen mit der Polizei in Kalabrien viele Landbesetzer getötet und verletzt wurden, musste Ministerpräsident De Gasperi sich dorthin begeben und eine

Landreform versprechen. Es wurden 749.210 Hektar Land erfasst, davon zwei Drittel im Süden. Das waren nur sieben Prozent der gesamten landwirtschaftlichen Nutzfläche. 109.425 Familien, vorwiegend Halbpächter und Tagelöhner, erhielten jeweils ca. sechs Hektar Boden, für den sie den alten Eigentümern im Verlauf von 30 Jahren über die Staatskasse eine Entschädigung zum Marktpreis zahlen mussten. Nur jeder achte Bewerber erhielt Land. Die Landarmut blieb bestehen. In Neapel lebten 300.000 Menschen in Elendsvierteln und 60 Prozent der Einwohner unter dem Existenzminimum. 1973 brach in der »Stadt des Elends« die Cholera aus, die Dutzende Todesopfer forderte.

Zwischen 1946 und 1972 verließen folglich im Schnitt jährlich 117.875 Menschen das Land. Allein aus dem Süden waren es insgesamt etwa 2,5 Millionen. Sie gingen vor allem in die USA, die Bundesrepublik Deutschland und nach Frankreich, eine halbe Million nach dem Norden Italiens. In Turin stieg die Einwohnerzahl von 1951 bis 1961 um 36 Prozent, in Mailand um 30 Prozent. Die Infrastruktur hielt mit diesem Tempo nicht Schritt. Es fehlten Schulen, sanitäre Anlagen und öffentliche Verkehrsmittel. Zehntausende konnten die teuren Mieten nicht bezahlen und lebten in den Slums der Peripherie.

Kommunisten und Sozialisten nach Kriegsende | Die Kommunisten verlangten auf ihrem 7. Parteitag im April 1951, die Macht der Monopole einzuschränken, die Großunternehmen zu nationalisieren und eine grundlegende Agrarreform durchzuführen. Sie strebten eine Regierung an, die bereit und imstande wäre, diese Forderungen zu verwirklichen. Zum XX. Parteitag der KPdSU 1956 und zur Art und Weise, wie Chruschtschow zur Rolle Stalins Stellung nahm, bezog Togliatti eine kritische Position. Seine Verurteilung der NATO als »Joch der Nation« auf dem 12. Parteitag 1962 war eine Absage an Chruschtschows Linie von der Möglichkeit der friedlichen Koexistenz mit dem

Imperialismus. Auch in seinem »Memorandum von Jalta« wandte er sich gegen Chruschtschows Linie und sprach sich gegen den Ausschluss der KP Chinas aus der kommunistischen Weltbewegung aus.

Im Januar 1947 spaltete Giuseppe Saragat sich mit seiner Fraktion von der ISP ab und gründete die Italienische Sozialdemokratische Partei, die sich ab 1952 Partito Socialista Democratico Italiano (PSDI) nannte. Nachdem der christdemokratische Ministerpräsident De Gasperi Kommunisten und Sozialisten aus seiner Regierung vertrieben hatte, trat sie in diese ein und stimmte im April 1949 für den Beitritt zur NATO.

USA verhindern Entfaschisierung | Die US-Militärregierung beseitigte die unter den Befreiungskomitees in Norditalien eingeleiteten antifaschistisch-demokratischen Umgestaltungen, etwa die Säuberung des öffentlichen Lebens und der Behörden von faschistischen Elementen, und unterstützte damit die Restauration der angeschlagenen Herrschaft des Kapitals. In den Pariser Friedensverträgen vom 10. Februar 1947 lehnten die USA für Italien die von der UdSSR geforderte Klausel ab, niemals wieder faschistische Organisationen zu erlauben und Kriegsverbrechen nicht ungesühnt zu lassen. Sie verhinderten im Bündnis mit italienischen Reaktionären und Altfaschisten eine Säuberung des Staatsapparates, der Justiz und des politischen Lebens von Faschisten. Für den Aufbau der Armee, der Polizei und der Geheimdienste wurden hohe Offiziere des Mussolini-Faschismus wieder eingesetzt und nur solche Personen, die sich dem Restaurationskurs der reaktionären Kräfte unterordneten, verblieben in den Organen.

Die Wiedergründung der Mussolini-Partei | Das MSI (Movimento Sociale Italiano), die am 26. Dezember 1946 offiziell wiedergegründete Partei Mussolinis, bekannte sich offen zum faschistischen Parteiprogramm von 1919 und zu dem von Mussolini nach Gründung der Salò-Republik im Herbst 1943 erlassenen »Manifest von Verona«. Im Parteistatut wurde festgelegt, »die soziale Idee in der ununterbrochenen historischen Kontinuität fortzuführen«. Giorgio Almirante, der frühere Staatssekretär des »Duce« und ein führender Rassenideologe und Mitherausgeber der faschistischen Tageszeitung *Tevere*, wurde zum Nationalsekretär gewählt. Er hatte noch kurz vor Kriegsende einen »Genickschusserlass gegen Partisanen« unterzeichnet. Der verurteilte Kriegsverbrecher Valerio Borghese, der aufgrund der Protektion des US-Geheimdienstes aber umgehend wieder freigelassen worden war, wurde Parteivorsitzender.

Dem MSI strömten sofort Zehntausende Mussolini-Anhänger zu und sicherten ihm eine Massenbasis. 1947 war die Partei in fast allen Regionen organisiert und stützte sich auf etwa 30 größere außerparlamentarische und sich unabhängig darstellende Organisationen mit Zehntausenden Mitgliedern, deren Führungszentrale sie bildete. Zur Gefolgschaft des MSI stießen die mitgliederstarken militaristischen Traditionsverbände, die auf Initiative der USA nach dem NATO-Beitritt Italiens entstanden waren. In den 1960er Jahren zählte die Partei rund 300.000 Mitglieder. Nach ihrem Zusammenschluss mit der Monarchistischen Partei 1972 stieg die Zahl auf 400.000.

DC-Krise und Übergang zum Centro Sinistra | Die am 22. März 1947 von US-Präsident Truman verkündete berüchtigte Doktrin der »Eindämmung des Kommunismus« mit dem Recht der USA zur Einmischung in Staaten, die tatsächlich oder angeblich unter kommunistischem Einfluss stünden, leitete die massive Einmischung in die inneren Angelegenheiten nicht zuletzt auch in Italien ein. Im Ergebnis dieser Schützenhilfe erzielte die Democrazia Cristiana am 18. April 1948 mit 48,5 Prozent einen triumphalen Wahlsieg, den sie nie wiederholen konnte. Kommunisten und Sozialisten erreichten auf einer Volksfrontliste 31 Prozent.

Ein von den US-amerikanischen Geheimdiensten inszeniertes Attentat auf Togliatti am 14. Juli 1948, bei dem dieser lebensgefährlich verletzt wurde, sollte die IKP und ihre Anhänger zum bewaffneten Aufstand provozieren, um sie in einem Blutbad liquidieren zu können. Dies war, wie der bekannte antifaschistische Historiker Massimo Caprara urteilte, die »erste Episode des politischen Terrorismus«, der unter der CIA in den 1960er Jahren (Putschversuch des Geheimdienstgenerals De Lorenzo) in die blutige »Strategie der Spannung« mündete.[15] Es begann ein spontaner Generalstreik. Mitglieder und Sympathisanten der IKP, auch Sozialisten und viele andere Kräfte der Resistenza, darunter von der linken Basis der DC, drängten zum Aufstand. Die IKP-Führung brach nach zwei Tagen den Streik ab und hielt die Massen von weiteren bewaffneten Auseinandersetzungen ab, bei denen es bereits 20 Tote und über 600 Verletzte gegeben hatte. 92.000 Personen, meist Arbeiter, wurden festgenommen, über 70.000 von ihnen später vor Gericht gestellt und größtenteils verurteilt. Im Kampf gegen die Linke kamen bis 1950 bei Zusammenstößen mit Großagrariern, Faschisten und der Polizei 62 Menschen ums Leben, darunter 48 Kommunisten. 3.126 Personen wurden verletzt, davon 2.367 Kommunisten. 19.306 Menschen wurden unter fadenscheinigen politischen Vorwänden verurteilt, unter ihnen 15.429 Kommunisten.

Acht Millionen Italiener lehnten in einer Petition den von De Gasperi verfolgten Beitritt zur NATO ab. Der Regierungschef, der die Abstimmung über den NATO-Beitritt am 18. März 1948 mit der Vertrauensfrage verband, erreichte in der Abgeordnetenkammer 342 Stimmen für den Beitritt, 170 stimmten dagegen, 19 Abgeordnete enthielten sich; im Senat stimmten 183 für, 112 gegen den Beitritt und es gab 8 Enthaltungen. Pietro Nenni, Abgeordneter und ehemaliger Spanien-

15 Massimo Caprara, bes. S. 84ff.

kämpfer initiierte als Reaktion hierauf den Weltfriedensrat, der im März 1950 in Stockholm seinen Appell zur Ächtung der Atombombe verabschiedete. Weltweit unterschrieben ihn 500 Millionen Menschen, 17 Millionen davon in Italien.

Mit der Gründung der katholisch orientierten Unione Italiana del Lavoro (UIL) am 5. März 1950 und der sozialdemokratisch/sozialistisch ausgerichteten Confederazione Italiana Sindacati Lavoratori (CISL) am 1. Mai wurde die Gewerkschaftseinheit zerschlagen, um den dominierenden Einfluss der IKP, die in der CGIL 55,8 Prozent der Mitglieder stellte, zu brechen.

Im Ergebnis ihres pro-atlantischen Kurses verlor die DC bei den Wahlen 1953 über acht Prozent ihrer Wähler und sackte auf 40,1 Punkte ab. De Gasperi trat als Ministerpräsident zurück. Danach leitete der Führer des linken DC-Flügels, Aldo Moro, seine »Apertura à Sinistra« (Öffnung nach links) genannte Linie zur Wiederaufnahme der Sozialisten in die Regierung ein. Die ISP erfüllte dazu im Oktober 1956 die Forderung rechter DC-Kreise und kündigte das Aktionseinheitsabkommen mit den Kommunisten und entsagte ihrem bisherigen antikapitalistischen Kurs.

Am 25. März 1957 wurden in der italienischen Hauptstadt die »Römischen Verträge« und mit ihnen auch die Gründung der Europäischen Wirtschaftsgemeinschaft (EWG), einer Vorstufe der späteren EU, beschlossen. Ihre Landwirtschaftspolitik führte in Italien zu einem »Gesundschrumpfen«, dem Hunderttausende bäuerliche Betriebe zum Opfer fielen. Es profitierte jedoch von der sogenannten Freizügigkeit der Arbeitskräfte. Hunderttausende Arbeitslose, deren Zahl rasch die Millionengrenze überschritt, emigrierten, ein großer Teil davon in die Bundesrepublik.

Im Juli 1960 stürzte das mit den Stimmen des MSI zustande gekommene Kabinett von Fernando Tambroni, eines zur DC übergetretenen früheren Mussolini-Offiziers. Tambroni hatte dem MSI genehmigt, für Mai seinen Parteitag nach Genua einzuberufen. Nachdem die Polizei bei antifaschistischen Demonstrationen mehrere Personen erschossen hatte, zwang ein landesweiter Generalstreik Tambroni zum Rücktritt.

Apertura a Sinistra – Öffnung nach links | Als nach den Parlamentswahlen im April 1963 die DC keine regierungsfähige Mehrheit mehr zustande brachte, setzte Aldo Moro wie erwähnt die Aufnahme der ISP in seine Regierung durch. Die Sozialisten verzichteten programmatisch auf das gesellschaftliche Eigentum an den wichtigsten Produktionsmitteln und billigten die NATO-Mitgliedschaft Italiens. Ihre Forderung nach Verstaatlichungen konnten sie nur bei dem Energiekonzern ENEL durchsetzen. Danach vereinigte sich die ISP mit den Sozialdemokraten unter der Bezeichnung Partei der Sozialistischen Einheit (PSU) mit Pietro Nenni an der Spitze. Als der PSU 1968 bei den Parlamentswahlen 5,4 Prozent Wählerstimmen verlor und auf 14,5 Prozent absackte, kehrte die ISP zu ihrer Eigenständigkeit zurück. Nenni trat als Parteichef ab. Nachfolger wurde Francesco De Martini.

Linke Sozialisten und bekannte Antifaschisten wie Lelio Basso und Emilio Lusso verließen nach dem Regierungs-Eintritt die ISP und gründeten im Januar 1964 die Italienische Sozialistische Partei der Proletarischen Einheit (PSIUP), die bei ihrem ersten Kongress im Dezember 1964 mehr als 150.000 Mitglieder zählte. Der PSIUP bekannte sich zu einer sozialistischen Gesellschaftsordnung und forderte die Wiederherstellung der Aktionseinheit mit den Kommunisten.

Der Plan des General De Lorenzo | In den USA wollten Pentagon und CIA Moros Apertura a Sinistra mit einem faschistischen Staatsstreich verhindern. Der US-Militärattaché, Oberst Vernon Walters, forderte, dass »die Vereinigten Staaten ohne zu zögern das Land militärisch besetzen müssten«.[16]

16 Roberto Faenza, S. 310

Der Chef des militärischen Geheimdienstes, General Giovanni De Lorenzo, ein Faschist, übernahm das Kommando über das Carabinieri-Korps, mit dem er zusammen mit weiteren Faschisten den Putsch durchführen sollte. De Lorenzo ließ schwarze Listen von verdächtigen Funktionären linker Parteien, von Gewerkschaftsführern, Antifaschisten und Politikern bürgerlicher Parteien anlegen. Unter der unglaublichen Zahl von 157.000 Personen befanden sich der Vorsitzende der Sozialdemokratie, Giuseppe Saragat, Minister und hohe Regierungsbeamte, als unzuverlässig eingestufte Offiziere und sogar Bischöfe. Sie sollten beim Staatsstreich verhaftet und auf zwei Sardinien vorgelagerten Inseln in Konzentrationslager gesperrt, manche auch gleich umgebracht werden. An dem Putsch sollten Gladio-Einheiten beteiligt sein, jene »Söldnertruppe für künftige Umsturzaktionen«, die Staatspräsident Antonio Segni hatte aufstellen lassen. Bei Gladio handelte es sich um die in diesen Jahren aufgebaute Stay-Behind-Truppe der NATO in Italien. Die Geheimdienstspezialisten Giovanni Mario Bellu und Giuseppe D'Avanzo enthüllten, dass »etwa 2.000 Mann aus paramilitärischen Formationen der extremen Rechten«, vorwiegend Militärs aus der Mussolini-Armee, den Grundstock bildeten. Nach Bekanntwerden der Verschwörung blies die CIA 1964 den Plan zunächst ab. 1966 musste sich eine Parlamentskommission damit befassen.

5. Christdemokraten und Kommunisten (1972-1980)

In der IKP breitete sich nach Togliattis Tod 1964 die reformistische Strömung aus. Die soziale Struktur der Partei hatte sich verändert. Der Parteiapparat der mittleren Ebene bestand überwiegend aus Hochschulabsolventen oder Personen zwischen 20 und 30 Jahren, die dabei waren, einen Hochschulabschluss zu erwerben. Nur noch 26 Prozent der Funktionäre kamen aus der Arbeiterklasse, bei den Parlamentariern waren es sogar nur noch 8,7 Prozent. Viele Parteifunktionäre kamen aus dem großen Sektor der staatlichen und kommunalen Betriebe. In der CGIL, im umfangreichen Genossenschaftswesen und anderen gesellschaftlichen Institutionen entstand ein Sektor der Parteibürokratie. Die theoretische Zeitschrift *Rinascita* (Il Partito oggi, 6. Januar 1978) warnte vor der Gefahr, dass »die Partei in den Institutionen aufgeht, dass sie diese quasi zum ausschließlichen Terrain ihres Engagements macht«.

Der Eurokommunismus | Politisch-ideologische Basis der Reformisten wurde der sogenannte Eurokommunismus, der grundlegende kommunistische Positionen aufgab. Unter Enrico Berlinguer, seit März 1972 Generalsekretär, wurde die IKP zum Protagonisten dieser Richtung. Auf der ZK-Tagung im November 1971 erklärte Berlinguer, »die Überwindung der Klassenschranken anzustreben«, um eine »Regierung der demokratischen Wende« zu bilden (Unità, 12. November 1971). Auf dem 13. Parteitag, auf dem er Longo als Generalsekretär ablöste, präzisierte Berlinguer, diese Wende durch die Zusammenarbeit der drei großen »politischen Volkskräfte«, Kommunisten, Sozialisten und Christdemokraten herbeizuführen. Gleichzeitig gab die Partei ihre Anti-NATO-Haltung auf und erklärte, den Beitritt zur Europäischen Gemeinschaft, der unmittelbaren Vorläuferin der EU, zu unterstützen (Unità, 14. März 1972).

Die Strategie der Spannung | Gegen die »kommunistische Gefahr« (der Stimmenanteil der IKP war 1968 auf 26,9 Prozent gestiegen) hatte die CIA schon Ende der 60er Jahre ihre sogenannte Strategie der Spannung ausgearbeitet. Kommunisten und andere Linke sollten als die Organisatoren von Attentaten und terroristischen Anschlägen beschuldigt werden, die in

Wahrheit von den Terrorbanden des MSI begangen worden waren.

Als die berüchtigte neofaschistische Neue Ordnung, gegründet von Pino Rauti, einem Altfaschisten und Nummer Zwei der faschistischen Bewegung, am 12. Dezember 1969 auf die Landwirtschaftsbank an der Piazza Fontana in Mailand einen Anschlag verübte (16 Tote, über 100 Verletzte), ließ der Chef des politischen Dezernats in Mailand, Luigi Calabresi, ein CIA-Agent, sofort über 300 Anarchisten und Linke verhaften. Viele von ihnen, darunter der Balletttänzer Pietro Valpreda, saßen jahrelang unschuldig im Gefängnis, ehe die Faschisten als Täter entlarvt und verurteilt wurden. Die Zahl der Terrorakte stieg von 1969 bis 1978 von 150 auf fast 2.400 an. In dieser Zeit kamen Hunderte Menschen ums Leben, wurden Tausende verletzt. 85 Tote und 200 Verletzte forderte allein das Attentat auf dem Hauptbahnhof von Bologna im August 1980.

CIA-Agent leitet Brigate Rosse | Unter der Regie der CIA wurde das linksradikale Spektrum, das gegen die faschistischen Verschwörungen teilweise den bewaffneten Kampf führte, systematisch von den italienischen Geheimdiensten unterwandert und zu Terroranschlägen angestachelt. Die CIA erließ dazu das sogenannte »Field Manual 30-31« (Feldhandbuch), das detaillierte Anweisungen zur Einschleusung von Agenten in linksradikale Organisationen enthielt.[17] Zu gegebener Zeit sollten diese Unruhen auslösen und sogar politische Morde durchführen, die als Vorwand zur Auslösung eines Staatsstreichs und der Errichtung eines Regimes der »Starken Hand« dienen sollten. Wie die Pariser *Le Monde* 1972 berichtete, waren mindestens zehn Prozent aller Mitglieder linksradikaler Vereinigungen Agenten der Polizei und der Geheimdienste. Die Gründergeneration der Brigate Rosse (BR), mit Renato Curcio und Al-

17 Europeo, 27. Okt. 1978

berto Franceschini, hatten die von eingeschleusten Agenten vorgeschlagenen Terroranschläge allerdings immer abgelehnt. Nach deren Verhaftung lenkte im Hintergrund der CIA-Agent Corrado Simioni die Führung der BR und organisierte später die Teilnahme am Mordkomplott gegen den DC-Führer Aldo Moro. Diese Infiltrationen leitete Jahrelang der Top-Agent der CIA, Guido Giannettini, der darüber hinaus 1964 zur Organisation subversiver Operationen einen sogenannten Apparato mondiale segreto d'Azione Rivoluzionario gründete, der neofaschistische Terroristen instruierte, pseudorevolutionäre Gruppen zu bilden und »links« getarnte Anschläge zu organisieren. 1969 nahm Giannettini mit dem Altfaschisten Rauti an einem Lehrgang für psychologische Kriegsführung an der Schule der Panzertruppen der Bundeswehr in Euskirchen teil. Rauti begab sich anschließend nach Reggio di Calabria in Süditalien, wo die Faschisten Bürgerkriegsauseinandersetzungen anzettelten, die den Boden bereiten sollten für einen Putsch, bei dem in der Nacht vom 7. zum 8. Dezember 1970 der MSI-Vorsitzende und abgeurteilte Kriegsverbrecher Valerio Borghese ein faschistisches Regime errichten wollte. Die Operation wurde von der CIA abgeblasen, da Borghese den Termin nicht mit der CIA abgestimmt hatte. Borghese floh ins faschistische Spanien, wo er 1974 starb.

NATO-Hilfe für faschistische Putschversuche | Nach dem Pinochet-Putsch in Chile versuchte das MSI bereits im Dezember 1973 und dann nochmals im Frühjahr 1974 erneut einen faschistischen Umsturz. Beide Operationen erhielten als Decknamen das NATO-Symbol der »Windrose«. Es gelang antifaschistischen und demokratischen Kräften die Pläne zu enthüllen, bevor sie in Gang gesetzt werden konnten. Unter den Putschisten befanden sich wenigstens 15 Generäle und Dutzende weitere hohe Offiziere. Bis Ende 1974 ergingen gegen 90 Rädelsführer Haftbefehle, gegen mehrere Hundert wurde ermittelt. Auf sicher gestellten Mordlisten standen 1.617 Namen, darunter Enrico Berlinguer und Luigi Longo (IKP), Sandro Pertini, Präsident der Abgeordnetenkammer, und Francesco De Martini (ISP), die Künstler und Schriftsteller Alberto Moravia und Pier Paolo Pasolini. Nach dem bei einem derartigen Blutbad zu erwartenden Widerstand der Arbeiter sollten Armee und Polizei gegen die »rote Gefahr« vorgehen. Am 31. Oktober 1974 wurde der Chef des Geheimdienstes SID, Vito Miceli, verhaftet und, wie der *Paese Sera* am 1. November 1974 berichtete, beschuldigt, »zusammen mit anderen Personen eine Geheimorganisation von Militär und Zivilpersonen mit dem Ziel gegründet zu haben, einen bewaffneten Staatsstreich auszulösen«, um »die Beseitigung der gegenwärtigen Staatsordnung und der Regierung Italiens unter Verwendung eines Teils der Streitkräfte« herbeizuführen. Nach Forderung von US-Außenminister Henry Kissinger wurde Miceli aus der Untersuchungshaft entlassen, obwohl, wie die *Neue Zürcher Zeitung* am 2. Mai 1975 schrieb, es dem »prominenten General« nicht gelungen war, »die Anschuldigungen Punkt für Punkt zu widerlegen«.

NATO-Befehlshaber wollte neuer »Duce« werden | Der Wiener Publizist Harald Irnberger enthüllte die Ansichten des langjährigen Befehlshabers der NATO-Seestreitkräfte Europa Süd, Admiral Gino Birindelli, der sich während der Ermittlungen zu den Putschversuchen zu seiner Vergangenheit als Offizier des »Duce« bekannte und erklärte, wenn er als neuer »Duce« an die Macht komme, werde er diese mit großer Härte gebrauchen. Birindelli oder Miceli waren keine Einzelbeispiele. Die Untersuchung in Sachen »Windrose« offenbarte, dass die Armee und ihr Geheimdienst regelrecht faschistisch unterwandert waren. Die Ergebnisse der Ermittlungen zeitigten jedoch keine Konsequenzen.

Eine »chilenische Lösung« für Italien | Auf dem MSI-Parteitag im Januar 1977 in Rom erging sich Giorgio Almirante in wüsten antikommunistischen Ausfällen und diffamierte den DC-Vorsitzenden Moro als einen »Philokommunisten«, der das Land den Roten ausliefere. Als er Pinochet zu feiern begann, brachen die 1.200 Teilnehmer in frenetischen Beifall aus, sprangen von den Plätzen, rissen den rechten Arm zum Führergruß empor, schrien das »Eja, eja alala«, mit dem Mussolini sich einst begrüßen ließ, und skandierten »Pinochet, Pinochet«. Es dauerte Minuten, bis die tobende Menge einhielt. Almirante, immer wieder von tosendem Beifall unterbrochen, forderte eine »chilenische Lösung« für Italien und rief zum Studium der Erfahrungen Pinochets auf.[18] Juristische Reaktionen auf diese verfassungswidrigen Vorgänge gab es nicht.

Den Sturz Salvador Allendes in Chile im September 1973 nahm Berlinguer zum Anlass, die Regierungszusammenarbeit mit der DC nun mit der Abwehr eines faschistischen Putsches zu begründen. Eine demokratische Erneuerung könne sich nur vollziehen, wenn sich Regierung und Parlament auf eine breite Mehrheit stützten, die stark genug sei, das Land vor einem reaktionären Abenteuer wie in dem südamerikanischen Land zu schützen.

Der Compromesso Storico | Berlinguer schlug der DC einen Compromesso Storico (Historischer Kompromiss) und die Zusammenarbeit auf Regierungsebene vor. Als die IKP 1976 bei den Parlamentswahlen 33,8 Prozent erreichte, wiederholte er diesen Vorschlag – um den Symbolcharakter hervorzuheben – offiziell in Salerno, wo die IKP 1944 in die Regierung eingetreten war.

Für die Verhandlungen befand sich die IKP in einer starken Position. Als zweitstärkste Fraktion verfügte sie in der Abgeordnetenkammer über 227 Sitze und stellte den Präsidenten, im Senat den stellvertretenden Präsidenten. Sieben Kommunisten leiteten Parlamentsausschüsse. In den Regionen beteiligte sich

18 Der Autor war auf dem Parteitag anwesend.

die Partei an fast der Hälfte der Regierungen. Auf der Ebene von den Gemeinden bis zu den Landesparlamenten vertraten die IKP und die ISP 52,8 Prozent der Wähler.

Widerstand dagegen | Mit Luigi Pintor und Rossana Rossanda an der Spitze bestand in der IKP eine innerparteiliche Opposition mit etwa Zehntausend Mitgliedern. Sie wurden im November 1969 ausgeschlossen oder verließen die Partei. Pintor und Rossanda gründeten anschließend die Zeitung *Il Manifesto*[19], die sich im Juli 1974 als Organisation mit dem Partito di Unità proletaria per il Comunismo (PdUP) vereinigte.[20]

In Turin entstand im gleichen Jahr die linke Organisation Lotta Continua, die auf 20.000 Mitglieder anwuchs und eine gleichnamige Zeitschrift herausgab. Sie leistete aktiven Widerstand gegen die faschistische Gefahr und unterstützte den Basiskampf der Gewerkschaften. Lotta Continua lehnte den Historischen Kompromiss ab. Eine Strömung trat für den bewaffneten Kampf ein, im Wesentlichen agierte die Organisation jedoch gewaltlos. Nachdem sie sich 1976 aufgelöst hatte, gründete ein Teil ihrer Mitglieder die Democrazia Proletaria, die sich im gleichen Jahr an den Parlamentswahlen beteiligte und 1,5 Prozent erzielte.

Die *Unità* berichtete am 21. Oktober 1976, Longo habe auf der ZK-Tagung im Oktober abgelehnt, die Entscheidungen von oben zu treffen. Man verliere den Kontakt mit der Basis, die Partei werde geschwächt. Es werde vielfach gefragt, ob die von den Arbeitern verlangten Opfer tatsächlich zu den erwarteten Reformen führten oder nur zur Stärkung des Kapitalismus und seiner Diener, der Christdemokraten. Auf der ZK-Tagung Mit-

---

19 Sie besteht heute noch als Online-Ausgabe.

20 Wie bei der Gründung der PSIUP stellt sich auch hier rückblickend die Frage, ob die Opposition innerhalb der ISP bzw. der IKP schon alle Möglichkeiten ausgeschöpft hatte, die reformistischen Prozesse aufzuhalten.

te März, an der der erkrankte Berlinguer nicht teilnahm, wurde, wie *Unità* am 16./17. März 1977 schrieb, der Historische Kompromiss als Klassenzusammenarbeit mit der DC abgelehnt und vor einer historischen Niederlage gewarnt. Politbüromitglied Gian Carlo Pajetta nannte die Regierung Andreotti »unangemessen für die Bedürfnisse des Landes« und forderte, die Arbeiterbewegung »in eine bewusste und einheitliche Schlacht« zu führen. Giorgio Napolitano, führender Exponent der sozialdemokratischen Strömung, ignorierte in seinem Schlusswort die Kritik und verlangte, die Zusammenarbeit mit der DC zu vertiefen, auch wenn das noch nicht zum direkten Eintritt in die Regierung führe.

Bündnispartner Aldo Moro | Aldo Moro, Berlinguers Partner in der DC, entstammte den einfachen Verhältnissen einer ländlichen Pädagogenfamilie im südlichen Apulien. Er hatte an der Universität von Bari eine Professur für Strafrecht inne. Während seiner Regierungszeit und als DC-Vorsitzender ging es ihm darum, seiner Partei und damit dem kapitalistischen Gesellschaftssystem eine stabile Regierungsmehrheit zu verschaffen. Das hielt er nur durch die Einbeziehung zunächst der Sozialisten und später der Kommunisten für möglich. Gegen die von 12,6 Millionen Italienern gewählte IKP konnte, so Moros Meinung, nicht mehr regiert werden. Er strebte darüber hinaus nach einem Abbau der Blockkonfrontation und der internationalen Spannungen, setzte sich für Rüstungsbegrenzung und friedliche Koexistenz ein. Moro stand fünfmal der Regierung vor und galt für die 1979 anstehenden Präsidentenwahlen als aussichtsreichster Kandidat.

Seitens der USA war Moro erbitterten Angriffen ausgesetzt, die in einer regelrechten Mordhetze gipfelten. Moros Frau Eleonore sagte während der parlamentarischen Untersuchung zum Mord an ihrem Mann aus, dass ihm 1974, während er als Außenminister in Washington weilte, gedroht worden war, wenn er seine Zusammenarbeit mit den Kommunisten nicht aufgebe, werde er es »teuer bezahlen«. In Anspielung auf die Ermordung John F. Kennedys habe man ihm gedroht, dass es sonst »eine Jacqueline in der Zukunft (Italiens)« geben werde. An der Spitze der Hetzer gegen Moro stand Außenminister Kissinger, der ihn den »Allende Italiens« nannte, der Rom »in kommunistische Abhängigkeit« steuere. Immer öfter war von Italien als einem »zweiten Chile« die Rede.

Der Preis der Regierungsbeteiligung | Zur Abwehr der faschistischen Gefahr in eine bürgerliche Regierung einzutreten, entsprach der politischen Situation, jedoch fehlten Vereinbarungen, wie der Gefahr Einhalt geboten werden sollte. Weder gab es Verabredungen, das in der Verfassung festgeschriebene Verbot des MSI durchzusetzen, noch Armee und Geheimdienste von faschistischen Elementen zu säubern oder die Umsturzversuche des MSI zu ahnden.

Um koalitionsfähig zu werden, gab die IKP grundlegende kommunistische Positionen sowie antimonopolistische Grundsätze auf und sagte stattdessen Privatisierungen im staatskapitalistischen Sektor zu. Sie verzichtete auf Forderungen nach Verbesserungen auf sozialem Gebiet und erkannte die kapitalistische Marktwirtschaft an. Sie proklamierte einen eigenen »Weg zum Sozialismus« und forderte lediglich eine »demokratische Transformation« des bürgerlichen Staates. Sie erklärte, die Bündnisverpflichtungen Italiens zu respektieren und verstieg sich zu dem absurden Bekenntnis, die NATO eigne sich unter bestimmten Voraussetzungen als »Schutzschild« eines italienischen Weges zum Sozialismus (Corriere della Sera, 15. Juni 1976). Um die USA zu beruhigen, stimmte Berlinguer auch noch dem abenteuerlichen Plan zu, Giulio Andreotti, den Mann der US-Amerikaner, zum Ministerpräsidenten zu berufen. Die IKP trat zunächst nicht in die Regierung ein, sondern unterstützte sie im Parlament.

Am 16. März 1978, dem Tag der Amtseinführung der Kompromiss-Regierung, wurde das Mordkomplott gegen den DC-Vorsitzenden eingeleitet. Als Instrument dienten die von den Geheimdiensten manipulierten Roten Brigaden. Ein Kommando, flankiert von wenigstens einem Militärspezialisten, entführte Aldo Moro und ermordete ihn 55 Tage später. Andreotti lehnte von den Entführern geforderte Verhandlungen ab, obwohl solche Verhandlungen bis dahin immer geführt wurden und auch danach wieder geübte Praxis waren. Er lieferte seinen Parteichef damit dem sicheren Tod aus. Um in der parlamentarischen Regierungsmehrheit verbleiben zu können, schloss sich die IKP dieser Linie an und überließ ihren Bündnispartner seinem Schicksal.

Führungszentrale P2 | Als am 17. März 1981 die Existenz der faschistischen Freimaurerloge Propaganda due (P2) aufgedeckt wurde, kam ans Licht, dass sie die Führungszentrale im Mordkomplott gegen Moro gewesen war. In den aufgefundenen Mitgliederlisten standen über 2.500 Namen höchster Personen des Militärs und der Geheimdienste, der Politik, der Wirtschaft und des Finanzsektors, aber auch Chefs der Mafia, darunter die ganze Führungsspitze der Cosa Nostra.

Die P2 hatte der Altfaschist aus Mussolinis Salò-Republik Licio Gelli im Auftrag der CIA gebildet. Als ihr tatsächlicher Chef galt Giulio Andreotti. Wie dem *Espresso* am 25. November 1990 zu entnehmen war, hatten der NATO-Oberbefehlshaber, General Alexander Haig, und Außenminister Henry Kissinger mit dem Chef für verdeckte Operationen der CIA, Ted Shackley, 1969 bei der Bildung der P2 beraten. Haig ließ dazu für Gelli 400 hohe italienische Offiziere als Logenmitglieder anwerben.

Die Vorsitzende der Parlaments-Kommission zur Untersuchung der P2, Tina Anselmi, eine Anhängerin Moros, schätzte zu den Mitgliedern ein: Wir haben sie »in den hohen Rängen des Militärs, der Geheimdienste, der Pressewelt, der Finanzen, der Politik gefunden. Ein Machtzentrum innerhalb der staatlichen Einrichtungen, in den Lebensadern des Landes«. Das Kommissionsmitglied Sergio Flamigni[21] belegte in seinem Buch »La Tela del Ragno. Il Delitto Moro«, dass die P2 über ihre Mitglieder in den Schlüsselpositionen des Sicherheitsapparates »die offizielle Fahndung, die das ›Gefängnis‹ der Brigadisten aufspüren und den DC-Vorsitzenden befreien sollte, bremste und falsche Spuren legte«. In den mit der Fahndung befassten Stäben saßen 57 Logenmitglieder. Antonio und Gianni Cipriano berichteten, dass der Direktor des Büros für innere Sicherheit des Militärgeheimdienstes SISMI, P2-Mitglied Oberst Camillo Gugliemi, den Ablauf des Anschlags am Ort der Entführung in der Via Fani beobachtete. Der Oberst war auf dem NATO-Stützpunkt Cap Marragiu auf Sardinien verantwortlich für die Ausbildung verdeckter Agenten in den Brigate Rosse. Die Zeitung *La Repubblica* veröffentlichte bereits zwei Tage nach der Entführung eine ihr zugespielte Information, dass die Ermordung des Begleitkommandos Moros »eine militärische Aktion« war, ein »Glanzstück an Perfektion«, die nur »von Militärs mit ausgetüftelter Spezialausbildung oder von Zivilisten, die in für Kommandounternehmen spezialisierten Militärstützpunkten einem langen und methodischen Training unterzogen wurden, durchgeführt werden konnte«.

Rechtsruck statt demokratischer Wende | Nach der anhaltenden Sabotage der Reformvorhaben durch Andreotti setzte Berlinguer gegen die Revisionisten, die dennoch in der Regierungskoalition verbleiben wollten, im Januar 1979 den Austritt durch. Auf dem 15. Parteitag im März 1979, über den die *Unità* vom 31. März bis 3. April berichtete, erklärte er den Historischen Kompromiss für gescheitert.

---

21 Der Abgeordnete der IKP später des PDS schrieb zum Mordkomplott gegen Moro insgesamt fünf Bücher (siehe Literaturverzeichnis).

Nach dem Mord an Moro schlug der Repressionsapparat mit aller Wucht gegen linke und als linksradikal apostrophierte Intellektuelle zu. Der Jagd auf sie fielen ganze Universitätsfakultäten zum Opfer, in Padua fast der gesamte Lehrkörper für politische Wissenschaften. Der linke Professor Antonio Negri wurde angeklagt, Chef der Brigate Rosse zu sein und die Entführung Moros organisiert zu haben. Tausende Linksradikale wurden in die Gefängnisse geworfen, viele von ihnen ohne sich eines Vergehens strafbar gemacht zu haben. Circa 100.000 Personen wurden von den polizeilichen Ermittlungen erfasst, rund 40.000 angeklagt, etwa 15.000 verurteilt. Bei den vorgezogenen Parlamentswahlen 1979 verlor die IKP gegenüber 1976 fast vier Prozent ihrer Wähler, bis 1987 sogar rund acht Prozent. In den folgenden Jahren verließ etwa ein Drittel der 2,2 Millionen Mitglieder die Partei.

6. Wachsende Gefahr von Rechts (1981-1989)

Obwohl die Anhänger Moros zu einer Minderheit zusammengeschmolzen waren, widersetzten sie sich vor dem Parteitag der Democrazia Cristiana im Februar 1980 einer Absage an die künftige Zusammenarbeit mit der IKP. Um sie zum Schweigen zu bringen, wurden im Vorfeld des Kongresses nochmals 27 Menschen von den Strategen der Spannung umgebracht und 94 verletzt.

Der Mord an Piersanti Mattarella | Am 8. Januar 1980 wurde der christdemokratische Ministerpräsident von Sizilien, Piersanti Mattarella[22], der mit der IKP eine Regionalregierung bilden

22 Sein Bruder, Sergio Mattarella, wurde im Jahr 2015 zum Staatspräsidenten gewählt. Siehe 12. Kapitel.

wollte, durch Mafiosi und Faschisten ermordet. Nach harten Auseinandersetzungen zwischen den Linken unter Benigno Zaccagnini und den von Giulio Andreotti und Arnaldo Forlani angeführten Rechten wurden Flaminio Piccolo als Mann der Mitte zum Sekretär, Forlani zum Vorsitzenden der Christdemokraten gewählt. Mit Carlo Donat-Cattin behaupteten die Parteilinken nur noch den Posten des Vizesekretärs. Eine Präambel schloss künftig ein Zusammengehen mit den Kommunisten aus und schrieb zu den Sozialisten »privilegierte Beziehungen« fest.

Der Prozess gegen die Brigate Rosse | Am 24. Januar 1983 wurde vor dem Schwurgericht in Rom der dritte Prozess gegen die Brigate Rosse abgeschlossen. Angeklagt war mit 63 Brigadisten der zweiten Generation, deren wichtigste Anführer inzwischen verhaftet worden waren. 23 BR-Mitglieder waren der Entführung, Bewachung und Ermordung Moros angeklagt, von denen 18 lebenslange Haftstrafen erhielten. Insgesamt ergingen 59 Urteile, davon 32 Mal lebenslänglich. Der Gerichtsvorsitzende, Severino Santiapichi, ignorierte in unglaublicher Weise die Ergebnisse der Parlamentskommissionen zum Fall Moro sowie zur P2, welche die Verantwortung höchster Regierungskreise sowie der Geheimdienste und der Polizei bis hin zum Ministerpräsidenten Andreotti aufgezeigt hatten. Die simple Frage, wer hatte ein Mordmotiv, »wie viele wollten Aldo Moros Tod«, wurde während des ganzen Prozesses missachtet, schätzte der bekannte Strafrechtler Stefano Rodatà ein.[23]

Der *Europeo*, eine römische Tageszeitung, beschuldigte Giulio Andreotti am 15. Oktober 1983, der wahre Chef der Propaganda due zu sein. Auch die Sekretärin Gellis sagte vor der Parlamentskommission aus, dass »der eigentliche Chef Andreotti und nicht Gelli war«. Die Geheimdienstgeneräle Federico Mannucci und Luigi Bittoni bestätigten das ebenfalls.

23 La Repubblica, 29. Mai 1983

P2-Mitglied Sindona mit Zyankali-Gift umgebracht | Am 18. März 1986 erging der Schuldspruch gegen einen der Finanzmagnaten im Geflecht, das den Tod Moros herbeiführte: Michele Sindona. Aber nicht deswegen wurde er vor Gericht gestellt und zu einer lebenslänglichen Haftstrafe verurteilt. Er hatte mit seinem Riesenimperium Bankrott gemacht und dabei konnten seine mafiosen Praktiken – Geldwäsche, Spekulationen und andere dubiose Geschäftsgebaren – nicht länger vertuscht werden. Wie die Publizisten Paolo Panerai und Maurizio De Luca schrieben, gehörten zu dem der Mafia und der P2 dienenden Imperium Sindonas in Europa und den USA »Tausende Verzweigungen in allen Wirtschaftsbereichen, von Banken über Finanzgesellschaften, Immobilienunternehmen und Elektronikkonzerne bis zu Textilbetrieben und großen Hotels«. In Italien gehörte Sindona bereits in der Zeit des De Lorenzo-Putsches dem Kreis der Hintermänner aus Wirtschaft und Diplomatie, CIA und Pentagon an. Zu seinen engsten Freunden zählten General Miceli, MSI-Führer Almirante und P2-Chef Gelli, der ihn in die Loge aufgenommen hatte. Premier Andreotti gab für Sindona im Dezember 1973 im New Yorker Hotel Waldorf Astoria ein prunkvolles Bankett, auf dem er ihn als »Retter der Lira« feierte. Der Club of Rome verlieh ihm als hervorragendsten Vertreter des freien Unternehmertums den Titel »Unternehmer 1973«. US-Botschafter John Volpe zeichnete ihn noch für seinen »wesentlichen Beitrag zur Festigung der Freundschaft und der Wirtschafsbeziehungen zwischen Italien und den USA« als »Mann des Jahres 1973« aus. Als Sindona allerdings drohte, klingende Namen zu nennen, wenn das Urteil nicht aufgehoben werde, schlug die Mafia zu. Vier Tage nach der Verkündung der lebenslangen Haftstrafe starb er am 22. März 1986 in seiner Zelle an einer Dosis Zyankali.

Grüne auch in Italien | Einem internationalen Trend folgend, bildete sich auch in Italien eine Partei der Grünen (Verdi), die im Juni 1987 bei den Parlamentswahlen 2,5 Prozent erreichte. Die Grünen griffen Themen auf, die von der Friedensfrage über den Umweltschutz, Probleme der Dritten Welt, Belange von Frauen und Behinderten bis zu kommunalen Fragen reichten. In Südtirol kamen sie 1983 im Landtag auf 4,7 Prozent, 1988 auf 6,7 und bei den Europawahlen 1989 übersprangen sie die 10 Prozent-Marke. Bei den Parlamentswahlen 1992 erreichten sie in der Abgeordnetenkammer etwas über 6,5 Prozent und im Senat über 10 Prozent. Bei den Bürgermeisterwahlen im November 1993 in Rom siegte Francesco Rutelli gegen MSI-Führer Fini mit einem knappen Vorsprung.

Führungswechsel beim Movimento Sociale Italiano | Am 14. Dezember 1987 wählte der MSI-Kongress Gianfranco Fini als Nachfolger Almirantes. Zunächst Leiter der Schule der Parteijugend Fronte della Gioventù (Jugendfront) war er seit 1977 deren Vorsitzender. Almirante sah sein Konzept, das MSI zu einer großen Rechtspartei auf faschistischen Grundlagen zu formieren, durch Fini am besten fortgeführt. Die Publizisten Goffredo Locatelli und Daniele Martini zitierten in ihrer Fini-Biographie die Einschätzung des Hardliners Teodoro Buontempo, der Fini »den geborenen Volksführer, den die Kameraden ob seines kühnen und kämpferischen Geistes lieben«, nannte. Schon als Jugendführer habe Fini gewusst, den Schlagstock zu gebrauchen, sich aber gleichzeitig nie an der Spitze einer Demonstration gezeigt. Nach seiner Wahl bekannte Fini: »Unsere Pflicht ist es, dem Weg des Lehrmeisters des Faschismus in seiner klarsten Interpretation zu folgen«.[24]

Der Parteitag im Januar 1990 wählte ihn trotzdem ab und setzte Rauti an die Spitze. Mit seinem Slogan, »wir sind Faschisten und damit basta«, brachte Rauti zum Ausdruck, dass er und seine Anhänger nichts von dem demokratischen Mäntelchen

24 Gofredo Locatelli / Daniele Martini, S. 47 und 91

hielten, das sich Fini umhängte. Rautis Wahl erwies sich jedoch als Pyrrhussieg. Der in der Organisation des Straßenterrors erfahrene Chef der Terrorbanden konnte zwar Attentate planen, aber nicht vor Fernsehkameras oder auf öffentlichen Versammlungen auftreten. Bei den Regionalwahlen 1990 verlor das MSI die Hälfte seiner Wähler und sank im Durchschnitt auf 3,9 Prozent ab. Im Juli 1991 setzte das Zentralkomitee Fini wieder an die Spitze.

Der Aufstieg des Bettino Craxi | Bettino Craxi war seit 1972 Vize der Sozialistischen Partei. In der sogenannten Midas-Verschwörung[25] im Juli 1976 hatte er Francesco De Martino gestürzt und sich selbst an die Parteispitze geputscht. Mit der Entscheidung der DC für die Sozialisten als »privilegierte Partner« wurde die zwielichtige Rolle Bettino Craxis gestärkt. Der Midas-Coup war das Werk der P2, die ihn als einen neuen »Duce« aufbauen wollte. Craxi gehörte, wie die Publizisten Giovanni Ruggeri und Mario Guarino nachwiesen, zusammen mit Gelli und Berlusconi zum »Dreigestirn« der Loge. Die »Regie der P2, die sie aus dem Off heraus führt, zeigt sich besonders an den riesigen Geldsummen, die der P2-Bankier Roberto Calvi der Partei zukommen lässt, aber auch an der Existenz der Schweizer Nummernkonten, auf denen die durch Korruption erwirtschafteten Gelder liegen«, schrieben Ruggeri/Guarino.

Als im Mai 1981 die P2 aufflog, nannte Craxi die Verhaftung Calvis und die Fahndung nach weiteren Logenmitgliedern »eine Hexenjagd«. Er befürchtete, Calvi könnte über seine Führungsposition in der P2 und seine Verwicklung in die ungeheuerliche Korruption der Loge aussagen. Dieser wusste ja, dass die P2 Craxi als »neuen Duce« aufbauen wollte und kannte das Schweizer Nummernkonto, auf das er »für den kommenden Mann, der Italiens politische Zukunft bestimmen würde«,

25 Name des luxuriösen Hotels in Rom, in dem die Tagung stattfand.

Dutzende Millionen Dollar überwiesen hatte. Craxi konnte jedoch aufatmen. Der nach London geflohene Calvi wurde am 18. Juni 1982 unter der Black Friars Bridge erhängt aufgefunden. So konnte Craxi von 1983 bis 1987 sogar die Geschäfte des Regierungschefs übernehmen und per Dekret Berlusconis ebenfalls von der P2 finanziertes Medienimperium absichern.

Das Medienimperium Berlusconis | Silvio Berlusconi, Jahrgang 1936, stieg nach einem Jura-Studium in die Baubranche ein und wurde binnen weniger Jahre zu einem der führenden Bauunternehmer Mailands. In dieser Zeit warb ihn Licio Gelli für die Loge an. Offiziell wurde er 1978 unter der Mitgliedsnummer 1.816 aufgenommen. Wie Craxi in der Politik, ebnete die P2 Berlusconi in der Wirtschaft den Weg an die Spitze. Da die Experten der Loge meinten, dass »die wahre Macht in den Händen der Massenmedien« liegt, stieg Berlusconi groß ins Fernsehgeschäft ein. Aus dem kleinen *Telemilano* wurde der landesweite *Canale 5*. Danach kaufte er die größten Konkurrenten *Rete quattro* und *Italia uno* und besaß damit das private Fernsehmonopol. In den 80er Jahren kamen ca. 40 Prozent aller italienischen Presseerzeugnisse hinzu, darunter die Verlagsgruppe Mondadori, nach Bertelsmann der größte europäische Medienverbund, und der einflussreiche Rizzoli Verlag. Es ging weiter mit der größten Kinokette Cinema 5, Unternehmen der Musik- und Video-Produktion sowie der Werbekonzern Pubitalia. Berlusconi wurde Besitzer und Präsident des Fußballclubs AC Milan, Organisator der Radtour Giro d'Italia, Herr über Rugby-, Hockey- und Volleyballmannschaften und mit 80 Prozent Anteilen Mäzen des Mailänder Teatro Manzoni. Seine über 300 Unternehmen schloss Berlusconi in der Fininvest-Holding zusammen. Ruggeri/Guarino belegten, dass Berlusconi dieses Imperium nur mit Hilfe der Logenbrüder aufbauen konnte, die »eine entscheidende Rolle für die Karriere des Unternehmers Berlusconi gespielt haben«.

7. »Wende« auf Italienisch (1990-1993/94)

Am 7. Juni 1984 erlitt Enrico Berlinguer, während er auf einer Kundgebung in Padua sprach, einen Schlaganfall. Vier Tage später starb er. An der Trauerfeier auf der Piazza San Giovanni in Rom, auf der er so oft gesprochen hatte, nahmen am 13. Juni über zwei Millionen Menschen teil. Unter ihnen waren Staatspräsident Pertini, alle weiteren höchsten Persönlichkeiten des Staates, die Sekretäre der Parteien des Verfassungsbogens und hochrangige Vertreter der internationalen kommunistischen und Arbeiterbewegung. Bei den Wahlen zum Europaparlament vier Tage später erreichte die IKP mit 33,3 Prozent noch einmal ihre Spitzenergebnisse von 1975/76 und lag diesmal knapp vor der DC (33 Prozent).

Leitbild Gorbatschow | Nach Berlinguers Tod bekam die von ihm in bestimmtem Maße gezügelte reformistische Strömung freie Hand. Als Michail Gorbatschow 1985 das Amt des Generalsekretärs der Kommunistischen Partei der Sowjetunion (KPdSU) antrat, setzte sie sich endgültig als die die Partei beherrschende durch. Auf dem 17. Kongress im April 1986 in Florenz schlug Berlinguers Nachfolger, Alessandro Natta, den Sozialisten vor, sich mit den Kommunisten zu einer neuen linken Partei zu vereinigen. Craxi lehnte ab. Als Achille Occhetto im Mai 1988 an die Spitze der IKP trat, kündigte er den für März 1989 geplanten Kongress als »Parteitag der Wende« an. Gorbatschow war der Star, dessen auf Video übermittelte Rede von der sozialdemokratischen Strömung, welche die Mehrheit der Delegierten stellte, stürmisch gefeiert wurde. Der Kongress erklärte einen »Riformismo forte« zur Leitlinie der Partei. Der ISP schlug Occhetto vor, die DC-Regierung zu verlassen und mit der IKP eine Reformkoalition zu bilden. Craxi lehnte wiederum ab.

Heimkehr zur Sozialdemokratie | In der *Unità* vom 24. Dezember 1989 erklärte Occhetto, die IKP solle als neue Partei »Interpretin der neuen Fragen aus der Welt der Arbeit und der Kultur als auch aus den Bewegungen der Jugend und der Frauen, aus der Umweltbewegung, dem Pazifismus und der Bewegung für Gewaltlosigkeit« sein. Giorgio Napolitano sprach zwei Wochen später Klartext: Es gehe darum, einer Regierungsübernahme den Weg zu ebnen.

Der Wirtschaftswissenschaftler Michele Salvati, der nicht der IKP angehörte, erarbeitete das »programmatische Manifest« der neuen Partei. Orientiert am Godesberger Programm der SPD fixierte er laut *Panorama* vom 24. März 1991: »Die Kapitalisten und die Unternehmer erfüllen eine Aufgabe von öffentlichem Nutzen« und »das Privateigentum an Produktionsmitteln spielt im Kontext des Wettbewerbs eine fundamentale Rolle von allgemeinem Interesse«.

Auf dem Kongress in Rimini (31. Januar bis 3. Februar 1991) beschloss eine Zweidrittelmehrheit dann die Umwandlung in einen Partito Democratico della Sinistra – PDS (Partei der Demokratischen Linken). Domenico Losurdo nannte die Umwandlung eine Liquidierung der IKP. 650.000 der noch etwa 1,7 Millionen Mitglieder traten dem PDS bei.

Partito della Rifondazione Comunista (PRC) – die Neugründung | Eine Woche nach dem Parteitag formierten rund 90 Delegierte, eine Sammlungsbewegung für eine kommunistische Neugründung, die ab Oktober die Zeitung *Liberazione* herausgab. Am 12. Dezember 1991 bildeten in Rom 1.300 Delegierte, die über 100.000 Mitglieder vertraten, die Partei der Kommunistischen Neugründung (Partito della Rifondazione Comunista – PRC). Neben einer Mehrheit aus der IKP stießen zu ihr Mitglieder der zuvor aufgelösten Democrazia Proletaria, andere frühere APO-Linke und Mitglieder des einstigen PdUP. Der PRC bekannte sich in Statut und Programm zur Überwindung der kapitalistischen und dem Aufbau einer sozialistischen Gesellschaftsordnung. Als Symbol wurde wieder die rote Fahne mit Hammer und Sichel gewählt.

Wegen Auseinandersetzungen über die Besetzung der Spitzenfunktionen vertagte sich der Parteitag und wählte erst am 18. Januar 1992 Sergio Garavini zum Sekretär und das frühere Politbüromitglied Armando Cossutta zum Vorsitzenden. Im Januar 1994 wurde Garavini von Fausto Bertinotti, einem langjährigen führenden Funktionär der CGIL-Gewerkschaft, der zunächst dem PDS beigetreten war, abgelöst. Bei den Parlamentswahlen 1992 erreichte der PRC mit über 2,2 Millionen Stimmen 5,6 Prozent.

Der Zusammenbruch des alten Parteiensystems | Die Niederlage des Sozialismus in Europa 1989/90 und die Umwandlung der IKP in den PDS führte in Italien, wenn auch nur kurzfristig, zum Verschwinden der im Kalten Krieg stets beschworenen »kommunistischen Gefahr« und zu einer vorübergehenden kritischen Auseinandersetzung mit der Einmischung der USA, der NATO und besonders der CIA in die italienische Politik.

Die Aufdeckung von Gladio | Als erstes wurde die Existenz der geheimen NATO-Truppe Gladio aufgedeckt. Am 24. Oktober 1990 machte *La Repubblica* publik, dass Gladio unter Giulio Andreotti als Verteidigungsminister (1956-1962), seit Juli 1989 wieder Premier, aufgebaut worden war. Eine Anzahl Militärs und Geheimdienstler arbeitete mit der Justiz zusammen und sagten aus. In RAI due antwortete das langjährige Mitglied des Gladio-Stabes, General Edgardo Sogno, auf die Frage, »was hätten sie getan, wenn die Kommunistische Partei mit legalen Mitteln an die Macht gekommen wäre?«, »dann hätten wir den Bürgerkrieg entfesselt«. Es wurde bekannt, dass die Gladiatoren aus faschistischen Organisationen wie der Ordine Nuovo Pino Rautis und der Fronte Nazionale des Nazikriegsverbrechers Borghese kamen. Sogno gab auch zu, dass Gladio in der Operation gegen Moro eingesetzt war, »um die italienischen Kommunisten um jeden Preis von der Regierung fernzuhalten« (A. u. G. Cipriano). Schließlich kam heraus, dass die in einer VIII. Division zusammengefassten Gladiatoren rund 12.000 Mann zählten. Staatspräsident Francesco Cossiga, der noch erklärt hatte, die Gladiatoren seien »brava gente e patrioti« (anständige Leute und Patrioten) gewesen, trat am 25. April 1992 zurück.

Die Mani-Pulite-Prozesse | Die Korruptionsermittlungen von Mailänder Staatsanwälten unter Leitung von Antonio Di Pietro deckten ab Februar 1992 die Verflechtung der DC und des Staatsapparats mit der Mafia und der Putschloge P2 auf. Das Geflecht reichte bis in den Vatikan. Die Ermittlungen der Staatsanwälte der »Mani Pulite« (Saubere Hände) erfassten etwa 6.000 Politiker, darunter ein Drittel der 945 Abgeordneten und Senatoren, Minister, Bürgermeister, Stadt- und Provinzräte. Anfang 1993 saßen 1.356 Staats- und Parteifunktionäre sowie Wirtschaftsmanager in Haft. Das Turiner Einaudi-Institut errechnete, dass an sie die Summe von jährlich zehn Milliarden Dollar an Schmiergeldern gezahlt wurde. Während der Ermittlungen beging über ein Dutzend der Beschuldigten Selbstmord, darunter der Präsident des Feruzzi-Konzerns, Raul Gardini, und der frühere Chef der staatlichen ENI, Gabriele Cagliari. ISP-Chef und Ex-Premier Craxi wurde zu 26 Jahre Haft verurteilt. Er konnte nach Tunesien fliehen, wo er im Januar 2000 verstarb.

Der Untergang von DC und ISP | Die Mitgliederzahl der ISP sank von 580.000 unter Hunderttausend. Bei den Parlamentswahlen im März 1994 fiel die Partei von 13,6 (1992) auf 2,2 Prozent ab. In der DC gab sich im Juli 1993 eine Gruppe unter dem alten Namen Partito Popolare als neue Partei aus, die bei den Wahlen 1994 von den 29,7 Prozent der alten DC (1992) noch 11,1 Prozent retten konnte. 4,6 Prozent erreichte der zweite Rettungsanker, der nach dem DC-Rechten Mario Segno genannte Patto Segno, später in Centro Cristiano Democratico (CCD) umbenannt. Von der neuen Volkspartei spaltete sich 1994 unter Rocco Buttiglione ein rechter Flügel ab, der sich Cristiani Democratici Uniti (CDU) taufte und wie das CCD ein Bündnis mit den Faschisten und der Forzapartei Berlusconis einging. Diese CDU, die sich gern nach ihrer deutschen Schwesterpartei nannte, erreichte bei den Wahlen 1994 dann 5,8 Prozent. Die Volkspartei sank im Ergebnis der Spaltung auf 6,8 Prozent ab.

Der Prozess gegen Andreotti | Am 27. März 1993 wurde der siebenmalige Ministerpräsident Giulio Andreotti in Palermo der Komplizenschaft mit der Mafia angeklagt. Nun wurde gerichtsoffiziell bekannt, dass die Mafia der DC auf Sizilien Wählerstimmen gesichert hatte, wofür angeklagten Mafiosi Straffreiheit garantiert worden war. Der Richter des Kassationsgerichts, Corrado Carnevale, hatte in Hunderten Verfahren angeklagte Mafia-Mitglieder und mit ihnen liierte Faschisten freigesprochen oder ihre Urteile annulliert, was ihm den Beinamen »Urteilskiller« einbrachte. Zur Sprache kam die bereits wiederholt publik gemachte Rolle Andreottis als eigentlicher Chef der faschistischen Putschloge P2.

In einem zweiten Prozess in Perugia wurde Andreotti der Anstiftung zum Mord an dem Journalisten Mino Pecorelli angeklagt. Nachdem dieser in seinem *Osservatore Politico* dessen Rolle bei der Ermordung Moros hatte enthüllen wollen, war er im März 1979 von Mafia-Killern erschossen worden. 1999 wurde Andreotti in Perugia freigesprochen, in Palermo nur wegen Mangels an Beweisen. Die Urteile wurden unter einer üblen Hetzkampagne Berlusconis gegen die Staatsanwaltschaft in Revisionsverfahren bestätigt.

Die Lega Nord | Die Niederlage des Sozialismus in Europa gab Faschismus und Rassismus einen kaum für möglich gehaltenen Auftrieb. In Italien gründeten am 8./9. Februar 1991 sechs regionale Ligen eine Lega Nord. Der auf der Basis eines scharfen, auch gegen Süditalien gerichteten Rassismus und Separatismus gegründete Bund stieg zur stärksten parlamentarischen Kraft Norditaliens auf und erreichte 20 und mehr Prozent der Wählerstimmen.

Chef der Lega wurde Umberto Bossi, der Sohn eines Kleinbauern, der nach abgebrochenem Medizin- und Jura-Studium auch als Mundartdichter lombardischer Dialekte scheiterte und dann das ahistorische Konzept eines »Padania« getauften norditalienischen Separatstaates betrieb. Bossi erklärte an Stelle der Latiner die Langobarden, Kelten und Franken zu geschichtlichen Ahnen der Norditaliener und stellte ihre Zugehörigkeit zu Mitteleuropa, konkret auch zu Deutschland, heraus. An die Stelle der faschistischen Blut-und-Boden-Ideologie traten etwas weniger diskreditierte ethnische und kulturelle Gemeinsamkeiten. Der Fußballclub von Neapel wurde in Mailand mit Spruchbändern empfangen, auf denen stand: »Was Hitler mit den Juden gemacht hat, wäre auch das Richtige für Napoli« oder »Keine Tierversuche – nehmen wir Neapolitaner«.

Unter Losungen wie »Weg von Rom« und »Die Lombardei den Lombarden« forderte die Lega die Abspaltung der Regionen Nord- und teilweise Mittelitaliens zu einem Separatstaat Padanien. Das entsprach den Interessen einflussreicher Industriekreise mit FIAT an der Spitze, die sich am supranationalen »Alpengroßraum« der EU beteiligen wollten. Der *Espresso* enthüllte am 27. Dezember 1992 die Rolle des damaligen deutschen Außenministers Genscher, der erklärte, der nördliche Teil Italiens habe »mehr gemeinsame Interessen mit Süddeutschland als mit Süditalien«. Ausgehend davon, dass die Lombardei einst zu Österreich gehörte, auf das Deutschland noch immer einen Erbanspruch erhebe, sprach der *Corriere della Sera* am 9. August 1995 von »der Neuaufteilung des europäischen Raumes und der Eroberung neuer Einflusssphären« innerhalb eines »historischen Raumes«.

Saubermann Berlusconi am tiefsten im Sumpf | Am 23. November 1993 verkündete Berlusconi, er werde »zur Verhinderung eines Wahlsieges der Linken« in die Politik einsteigen. Am 26. Januar gab Berlusconi seine Kandidatur für die Wahlen bekannt und teilte danach am 6. Februar über seinen Sender *Rete Quattro* die Gründung einer eigenen Partei mit, der Forza Italia (FI). Vier Tage später schloss er mit dem in Alleanza Nazionale (AN) umgetauften MSI, der Lega Nord und den Splittergrüppchen CDU und CCD ein Polo delle Libertà (Pol der Freiheiten) genanntes Wahlbündnis. Dass der als Saubermann gegen die Bestechungspraxis demagogisch auftretende Medientycoon am tiefsten in dem von den Mani Pulite aufgedeckten Korruptionssumpf steckte, war zu dieser Zeit noch wenig bekannt. Erst später wurde er in insgesamt 13 Verfahren der gleichen Praktiken angeklagt. Wegen Verbrechen wie Geldwäsche, illegalem Waffenhandel, Führung von Tarnfirmen und illegalem Kapitaltransfer wurde er zu über zehn Jahren Haft und umgerechnet zehn Millionen D-Mark Geldstrafe (Angaben in D-Mark waren in Italien üblich) verurteilt, seine Anwälte setzten allerdings die Aufhebung der Urteile durch.

Nach Meinung nicht nur von Ruggeri/Guarino, sondern auch weiterer Kenner der Lage in Italien, entsprach die FI-Gründung unmittelbar dem Konzept der P2. Bei ihrem Aufbau diente, wie Elisabeth Fix schrieb, das 1945 von den Mussolini-Faschisten geschaffene Uomo Qualunque als Modell. Forza Italia (Vorwärts Italien, Starkes Italien) war der Schlachtruf des Fußballclubs AC Milan, der auch allgemein das Kampfgeschrei aller italienischen Fußballfans bei internationalen Spielen war: Der Name löste bei der übergroßen Mehrheit der Millionen zählenden Anhänger des Berlusconi-eigenen Clubs, aber nicht nur bei diesen, wahre Begeisterungsstürme aus.

Die Forza Italia entstand faktisch innerhalb von Fininvest. Ihre Führungsstruktur bildeten leitende Manager, die formell aus der Holding ausschieden. Als Sekretariat fungierte ihr Meinungsforschungsinstitut Diacron Spa, das die in Parteifunktionäre verwandelten Manager einstellte und auch bezahlte. Der Werbekonzern Pubitalia kreierte eine »Parteibasis« in Form von Clubs. Der liberale Philosoph Norberto Bobbio verwies in *La Stampa* vom 3. Juli 1994 darauf, dass der FI jegliche demokratischen Merkmale und eine Transparenz der Macht fehlten. Der Rechtswissenschaftler Mario G. Losano charakterisierte die FI als eine autoritäre Führerpartei und Berlusconi als ihren Alleinherrscher. Die Mediendiktatur nannte er eine »Medien-Agora« und »Erbin der ›ozeanischen Versammlungen‹ der Mussolinizeit«. Selbst der 2001 verstorbene konservative Starjournalist des *Corriere della Sera*, Indro Montanelli, sah nach einem Bericht des *Espresso* vom 21. Januar 1994 Berlusconi in einem Faschisierungsrahmen als »nationalistischen Einpeitscher« und »lächelnden Diktator«.

Aufgrund seines Medieneinflusses konnte Berlusconi im Juli/August 1993 im Parlament für 75 Prozent der Mandate die Einführung des nach dem Ersten Weltkrieg aufgehobenen reaktionären Mehrheitswahlrechts durchsetzen. Vor allem aufgrund des vom PRC mobilisierten Widerstands scheiterte er an dem Ziel, auf 100 Prozent der Mandate das Mehrheitswahlrecht anzuwenden. Geschickt hatte Berlusconi die Empörung über die Korruptionspraxis der alten bürgerlichen Parteien genutzt und argumentiert, bei der Direktwahl könnten die Kandidaten sich nicht auf Parteilisten verstecken, sondern müssten sich persönlich vorstellen, was der Parteienherrschaft einen Riegel vorschiebe. Die gleichzeitig erstmals festgelegte Vier-Prozent-Sperrklausel zwang zu Wahlkoalitionen, denen sich kleinere Parteien zu den Bedingungen der größeren anschließen mussten.

Movimento Sociale wird Alleanza Nazionale | Die Allianz mit Berlusconi verschaffte dem MSI Auftrieb. Bei den kommunalen und Bürgermeisterwahlen im November 1993 verdreifachte es seine Stimmen. Fini wurde in Rom mit 43 Prozent nur knapp geschlagen. In Neapel unterlag die »Duce«-Enkelin Alessandra Mussolini mit 46 Prozent ebenfalls nur hauchdünn. Am 22. Januar proklamierte Fini die Alleanza Nazionale als neue Partei, die zunächst die Doppelbezeichnung MSI/AN führte. Corrado De Cesare schätzte in seiner Fini-Biografie ein: »Die AN wurde mit dem Ziel gebildet, eine viel breitere Front zu schaffen, die eine viel größere Gefolgschaft um sich schart als das MSI, jedoch ohne auch nur im Geringsten die Vergangenheit zu leugnen; die auf nichts verzichtet, sondern die gemeinsamen Ziele weiter verfolgt.«

8. Eine »schwarze Regierung« (1994)

Für den 27./28. März 1994 waren vorgezogene Parlamentswahlen anberaumt. Der Wahlkampfstil Berlusconis hätte einen Goebbels vor Neid erblassen lassen. Die neuen Sozialdemokraten, die sich – noch als IKP – bereits 1982 mit dem »Strappo« (Bruch) von Moskau losgesagt hatten, diffamierte er als »Enkel Stalins«, die ein kommunistisches Regime errichten wollten. In seiner, am 26. März über seine drei Fernsehsender verbreiteten Rede, führte er aus: »Das Allerschlimmste wäre ein Sieg der Linksparteien, wir würden einer gefährlichen Zukunft entgegengehen, mit einem Regime, das wirkliche Freiheit und echte Demokratie nicht garantiert.« Den Wählern versprach Berlusconi von jedem etwas: Weniger Steuern, weniger Umweltverschmutzung, eine Million neuer Arbeitsplätze, mehr Solidarität mit den sozial Schwachen und mehr Fürsorge für die Alten. Ruggeri/Guarino bezeichneten Berlusconis politisches Programm als »ein Kompendium, das wie ein Rezept mit 45 guten ›Zutaten‹ aus widerlichster Demagogie und altbekanntem Populismus anmutet – ein unerträgliches Sammelsurium von Allgemeinplätzen in Form von Werbespots«. Dieses Programm lief, da es noch keine Begrenzung der Wahlkampfspots im TV und keine Gleichheit für die antretenden Parteien gab, uneingeschränkt über die drei Sender der Fininvest. Der FI stand zehnmal mehr Sendezeit zur Verfügung als allen anderen Parteien zusammen.

Die Freiheitsallianz (Pol der Freiheiten) gewann mit 42,9 Prozent die Wahl (FI 21, MSI/AN 13,5, Lega 8,4). Der PDS, der kein Bündnis zustande gebracht hatte, erreichte 20,3 Prozent, Rifondazione 6 Prozent. Die Ergebnisse zeigten, wie das Mehrheitswahlrecht den Wählerwillen verfälschte. Die Lega belegte mit 8,4 Prozent 118 Sitze in der Abgeordnetenkammer und wurde stärkste Fraktion. Rifondazione erhielt mit sechs Prozent nur 40 Mandate. Der PDS kam mit 20,3 auf 115 Sitze. Die AN zog mit nur 13,5 Prozent trotzdem mit 105 Abgeordneten in die Kammer und lag so noch vor der FI, die mit 21 Prozent 101 Sitze belegte.

Berlusconi bildete eine Regierung, in die erstmals nach 1945 die Faschisten aufgenommen wurden. Sie stellten fünf Minister, darunter den Vizepremier. Drei Kabinetts-Mitglieder kamen nachweislich aus der als verfassungsfeindlich aufgelösten P2, darunter Cesare Previti (FI), der das Verteidigungsministerium übernahm. *Il Manifesto* charakterisierte am 15. Mai 1994 das Kabinett als eine »schwarze Regierung aus Faschisten und Monarchisten, Lega-Leuten und christdemokratischem Schrott, Industriellen, Anwälten und Managern der Fininvest«. Mit dem Ziel, ein Präsidialregime zu errichten, bildete Berlusconi ein Ressort für »institutionelle Reformen«, um die reine Mehrheitswahl des Parlaments, die Direktwahl des Staatspräsidenten und des Premiers einzuführen. Dazu sollten 84 der 184 Artikel der Verfassung gestrichen oder abgeändert werden, was der ehemalige Präsident des Verfassungsgerichts, Ettore Gallo, als Versuch eines Staatsstreichs bezeichnete.

Mussolini »größter Staatsmann« | Fini bekräftigte seine Treue zu Mussolini und feierte den »Duce« als »größten Staatsmann des Jahrhunderts«. Altfaschist Rauti, der in den Senat gewählt worden war, sekundierte: »Wir sollten uns daran erinnern, dass hinter uns der Marsch auf Rom liegt, der Korporativismus, der Zweite Weltkrieg gegen die Plutokratien, die Repubblica Sociale«. Das sei »ein kulturelles und programmatisches Vorratslager, aus dem wir schöpfen«.[26] Mirko Tremaglia, in der Salò-Republik SS-Offizier, wurde wegen seiner Forderung, Istrien, Dalmatien und die Hafenstadt Fiume heimzuholen, nach Protesten der EU von Staatspräsident Oscar Luigi Scalfaro, der sonst kaum den faschistischen Vorstößen entgegentrat, als Minister abgelehnt. Er übernahm daraufhin das Amt des Vorsitzenden des außenpolitischen Parlamentsausschusses. In der Abgeordnetenkammer beantragte Fini, das in der Verfassung verankerte Verbot der Mussolini-Partei aufzuheben, was eine Rehabilitierung der faschistischen Herrschaft bedeutet hätte. Trotz Protesten im In- und Ausland zog er den Antrag nicht zurück, sondern erklärte lediglich, er sei augenblicklich »nicht opportun«.

Nach der Regierungsbildung kündigten Berlusconis Fernsehsender »Säuberungen in den öffentlichen Einrichtungen« an. Dazu wurden vorgefertigte Listen verbreitet. In der *RAI* wurde unter anderem die kritische Sendereihe Milano-Italia des dritten Programms eingestellt. Als es danach zu Unruhen unter der Bevölkerung und zu Warnungen vor einem faschistischen Regime kam, verzichtete die Regierung vorerst auf ein weiteres Vorpreschen.

Mit Berlusconi kam es zur Personalunion zwischen der ökonomischen Macht in Gestalt des größten Firmenimperiums – noch dazu zu einem beträchtlichen Teil im Medienbereich – mit der politischen Exekutive. *La Repubblica* vom 15. Oktober 1993 enthüllte, dass der Fininvest-Chef auch deshalb nach der Macht gegriffen hatte, um sein eigenes Imperium zu retten, mit

26 Unità, 18. Mai 1994

dem er regelrecht vor dem Bankrott stand. Bei einem Jahresumsatz von umgerechnet elf Milliarden D-Mark war er mit etwa sieben Milliarden verschuldet. Eine Mitte-Links-Regierung hätte Berlusconis Ruin bedeuten können. Er hätte mit einer Novellierung des Mediengesetzes, einer Nichtverlängerung der Lizenzen, einer drastischen Erhöhung der Konzessionsgebühren und einer Übernahme der Brüsseler Vorschriften für den Medienbereich rechnen müssen. Schon einer dieser Faktoren, so stellte Jens Petersen in »Quo vadis Italia« fest, hätte eine tödliche Wirkung für ihn haben können.

Berlusconis Rücktritt | Parallel setzte ein bis dahin nicht gekannter Sozialabbau ein. Der Haushaltsentwurf für 1995 bürdete den arbeitenden Menschen 20 Prozent des gesamten Etats auf. Massendemonstrationen, darunter eine Million in Rom, und schließlich ein Generalstreik führten im Parlament zu Misstrauensanträgen von PDS und PRC. Die Lega, mit mehr Gespür für den nahenden sozialen Sturm, stellte ebenfalls einen Misstrauensantrag und schied damit aus der Regierungskoalition aus. Angesichts der unvermeidlichen Abstimmungsniederlage trat Berlusconi am 21. Dezember zurück.

9.
Mitte-Links (1995-2000)

Lamberto Dini, unter Berlusconi Schatzminister, bildete eine Technokraten-Regierung. Er legte ohne wesentliche Abstriche den Sparhaushalt, über den Berlusconi gestürzt war, vor, für den nun Zentrum und Linke, darunter auch der PRC stimmten.

Romano Prodi formiert L'Ulivo (Der Olivenbaum) | Zu den im Frühjahr 1996 anberaumten Parlamentswahlen trat Romano Prodi als Repräsentant eines neuen Centro Sinistra (Linkes

Zentrum) aus PDS, Verdi und Popolari an. Dini schloss sich mit einer dazu gebildeten eigenen Partei Rinnovamento Italiano (Italienische Erneuerung) an. Die Rifondazione trat nicht in die Koalition ein, schloss aber Wahlabsprachen, die dann einen Wahlsieg Prodis sicherten.

Der Wirtschaftsprofessor Prodi war 1978/79 Industrieminister und 1982-1989 Chef des größten Staatskonzerns Istituto per la Ricostruzione Industriale (IRI). Das riesige Unternehmen hatte der Staat aus der faschistischen Wirtschaftsstruktur übernommen und neu gegliedert. Zu den wichtigsten Besitzungen bzw. Beteiligungen des Wirtschaftskonglomerats gehörten Finsider (Eisenindustrie), Montedison (Bergbau, Metallurgie), Chemie, Elektrizität, Finnmecanica (Rüstung), Fincantiere (Schiffsbau), der Autokonzern Alfa Romeo, Autostrada, Alitalia, mehrere Großbanken und Nahrungsmittelkonzerne wie Motta und Alemagna. Prodi hatte diesen Riesenkonzern erfolgreich saniert und dann dessen Privatisierung eingeleitet. Er war Anhänger des ermordeten Aldo Moro gewesen. Seine Wahlkampagne führte er nicht wie Berlusconi mit Privatjet und Hubschrauber, sondern startete mit einem Bus zu einer Werbetour, während der er hundert Städte vom Norden bis nach Süden besuchte.

Wahlsieg von L'Ulivo | Am 21. April erreichte L'Ulivo 41,2 Prozent (21,1 PDS, PRC 8,6), während die extreme Rechte nur auf 37,3 kam, davon 20,6 Forza Italia. Die Lega, die der Allianz Berlusconis nicht beigetreten war, steigerte sich von 8,3 auf 10,4 Prozent. Rechnete man sie hinzu, lag die extreme Rechte mit fast 48 Prozent weit vor der linken Mitte. Das Mehrheitswahlrecht wirkte zuungunsten Berlusconis, dessen Allianz, trotz der prozentualen Mehrheit, mangels Wahlabsprachen mit der Lega nicht auf die Mehrheit der Sitze im Parlament kam. Bei den Faschisten, die auf zwei getrennten Listen antraten, kam Finis AN auf 15,7 Prozent (2,2 mehr als

1994). Rauti mit seiner Fiamma[27] erhielt 0,9 Prozent, bei der Direktwahl jedoch die meisten Stimmen seines Wahlkreises, womit sein Senatssitz bestätigt wurde. Damit hatten weit über eine Million Italiener mehr als zwei Jahre vorher die Faschisten gewählt. Der PRC trat nicht in die Regierung ein, unterstützte aber Prodi im Parlament, da dieser sonst auf keine Mehrheit gekommen wäre.

Rückkehr ins Europäische Währungssystem | Prodi ging daran, die Bedingungen des Maastrichtvertrages zu erfüllen, um Italien ins Europäische Währungssystem (EWS) zurückzuführen, aus dem es nach dem von der Deutschen Bank entfesselten Währungskrieg 1992 ausgeschlossen worden war. Um die Staatsverschuldung abzubauen, die mit 120 Prozent des BIP doppelt so hoch lag, wie von Brüssel gefordert, setzte er die umstrittenen Privatisierungen der öffentlichen bzw. staatlichen Unternehmen und den Sozialabbau fort.

PDS entsagt linker Politik | PDS-Chef D'Alema signalisierte deshalb, wie die *Frankfurter Allgemeine Zeitung (FAZ)* vom 18. Mai 1996 zufrieden vermerkte, »für die nächsten fünf Jahre ›linker‹ Politik (zu) entsagen«. FIAT-Chef Cesare Romiti nannte daraufhin Prodis Kabinett eine »ausgezeichnete Wahl«. Nachdem die Regierung den Kurs der Lira stabilisiert und die Staatsverschuldung abgebaut hatte, kehrte Italien Ende 1996 ins EWS zurück. Die ENI und der Stromriese ENEL wurden teilprivatisiert, die zum IRI gehörende Telecom verkauft. Das IRI selbst, mit 600.000 Beschäftigten einst Europas größter Staatskonzern, wurde weitgehend privatisiert.

---

27 Rauti hatte die Umwandlung des MSI in die Alleanza Nazionale (AN) nicht mitgemacht und danach La Fiamma (Die Flamme) gegründet. So benannt nach dem Parteisymbol des MSI, die an Mussolini erinnernde Flamme.

Die Faschisten hofiert | Im Januar 1995 beschloss der MSI-Parteitag offiziell die Umwandlung in die Alleanza Nazionale. Die in der Auslandszeitschrift des MSI (nunmehr AN) Nr. 11/1996 veröffentlichten Kongressdokumente hielten fest, dass es sich um keine Auflösung des MSI handele und in der AN nicht nur die politischen, sondern auch die »institutionellen, juristischen und vermögensrechtlichen Beziehungen des MSI und seiner Organisationen weitergeführt« würden. Fini nahm demagogisch verbrämte kosmetische Korrekturen vor und verurteilte als Verbündeter der rassistischen Lega den Rassenhass. Seine Bekundung, der antifaschistische Widerstand sei »in einer historischen Epoche eine große Leistung (gewesen), die zur Erneuerung des italienischen Staates beigetragen hat«, stellte angesichts seiner Würdigung Mussolinis eine üble Heuchelei dar. Auch versuchte der AN-Chef damit, Faschismus und Antifaschismus gleichberechtigt in die italienische Geschichte einzuordnen. Der Faschismusforscher an der Universität von Bologna, Piero Ignazi, hielt in *La Repubblica* vom 23. April 1995 fest, der Umwandlungskongress sei letztendlich nur ein Manöver, um die neue Wählerschaft, die der Partei nach dem Zusammenbruch des alten Parteiensystems in den Schoß gefallen sei, zu halten. Auch der faschistische Parteiapparat, laut *La Repubblica* vom 19. Januar 1997 mit 486.911 Mitgliedern, ging größtenteils in die AN über. Das betraf auch die Teilorganisationen des MSI, einschließlich der CISNAL-Gewerkschaft, die ihrerseits eng mit dem Geflecht der faschistischen Gruppen verschiedenster Couleur außerhalb der Partei verbunden waren.

Der PDS schickte zu dem Kongress eine Delegation, zu der mit Ugo Pecchioli, einst Kommandant der 77. Garibaldi-Brigade, einer der angesehensten Resistenza-Kämpfer gehörte. Danach kam es immer öfter zu Kontakten, die Parteibeziehungen ähnelten. Parlamentspräsident Luciano Violante vom PDS stellte den nationalen Charakter der Resistenza in Frage und rief auf, über das Schicksal der »Besiegten von gestern« nachzudenken. Auf einem Pressefest der AN im August 1997 bezeugte Violante denjenigen, die in der Republik Salò an der Seite der Hitlerwehrmacht kämpften, seinen Respekt und sprach sich dafür aus, das Kapitel des Faschismus abzuschließen und ein einheitliches Geschichtsbild zu gestalten. Der Schriftsteller Antonio Tabucchi bemerkte dazu, die Salò-Faschisten »waren Kollaborateure der Nazis. Sie töteten und sie folterten«. Wer »behaupte, die ›Jungs von Salò‹ hätten für die Ehre des Vaterlandes gekämpft, der lügt«.[28]

PDS kappt letzte Wurzeln | Ein PDS-Kongress beschloss im Februar 1998, sich von jeder Beziehung zu seiner kommunistischen Vergangenheit zu lösen und sich in eine nichtkommunistische Sammlungsbewegung »Linke Demokraten« (Democratici di Sinistra – DS) umzubenennen. Aus dem Parteiemblem wurden die noch vorhandenen Insignien Hammer und Sichel entfernt und an ihre Stelle eine Rose gesetzt. Gast des Kongresses war eine AN-Delegation mit Fini an der Spitze, der in seiner Rede Gemeinsamkeiten herausstellte.

AN-Programm mit kosmetischem Outfit | Vom 27. Februar bis 1. März 1998 tagte in Verona, wo Mussolini 1943 sein Regierungsprogramm der Republik Salò verkündet hatte, der AN-Kongress und beschloss ein neues Programm. Darin bekannte sich die Partei zur Globalisierung und zur europäischen Einigung und identifizierte sich erstmals mit dem Staat, um ihn mit ihrem »Reichtum an Wurzeln« (selbstredend den faschistischen) autoritär zu stärken.[29] Es gab keine Absage an die Bekenntnisse zu Mussolini und sein Erbe sowie an die faschistische Bewegung. In einem Interview für den israelischen Rund-

28 In: Susanne Schüssler, S. 111

29 Rimetti in: Cammino la Speranza Nell'Italia; Atti della Conferenza programmatica, Verona 27.2. bis 1.3.1998, Rom 1998

funk erklärte Fini lediglich, seine »Postfaschisten« hätten mit den »Komplizen des nationalsozialistischen Judenmordes« nichts mehr gemeinsam. Das war die bekannte Position, dass für den Holocaust ausschließlich Hitlerdeutschland verantwortlich sei.

Nachdem DS-Sekretär Massimo D'Alema 1998 an Stelle Prodis Ministerpräsident geworden war, versuchte die profaschistische Rechte, die Regierung zu stürzen und Neuwahlen zu erzwingen. Um das Klima für die Wahlen zum Präsidenten und zum Parlament der Provinz anzuheizen, versammelten AN, FI und Fiamma auf der Piazza San Giovanni in Rom annähernd 100.000 Teilnehmer. Faschisten, viele im Schwarzhemd oder Kampfanzug, unter Hakenkreuzen und der Flamme des »Duce«, grölten in Sprechchören: »Nieder mit den Kommunisten«, »Mit der Italienischen Republik wurde eine Hure geboren«, »Scalfaro (der damalige Staatspräsident) ist ein Henker und D'Alema sein Zuhälter«. Fini, der mit dem Führergruß als »Duce«, gefeiert wurde, kündigte einen schonungslosen Kampf gegen die Regierung an. Danach wurde der AN-Kandidat Silvano Moffa mit 51,5 Prozent zum Provinzpräsidenten gewählt. Der »Sieger« ließ sich, angeführt von Rauti, mit Führergruß und »Sieg Heil« feiern und rief der Versammlung im Sturmabteilungston zu: »Hier in Rom werden wir die Linken zerquetschen«.[30]

Zerwürfnis im PRC | Prodi hatte keine der mit dem PRC vereinbarten sozialen Verbesserungen eingeleitet. Der Etat sah wiederum (konkret: 14 Milliarden D-Mark) Kürzungen vor, von denen zwei Drittel auf soziale Einsparungen entfielen. Als Prodi ablehnte, den Haushaltsentwurf zu korrigieren, verließ der PRC am 4. Oktober 1998 die parlamentarische Regierungskoalition. Mit dem Parteivorsitzenden Senator Armando Cossutta an der Spitze lehnte eine Minderheit die Beendigung der parlamenta-

30 »Le Monde diplomatique«, Okt. 2001

rischen Unterstützung ab und forderte dagegen den Eintritt in die Regierung. Nach einer Abstimmungsniederlage verließ Cossutta mit seinen Anhängern den PRC und gründete am 11. Oktober eine eigene Partei der Italienischen Kommunisten (Partito dei Comunisti Italiani – PdCI). Mit dem Namen knüpfte er an die alte IKP (PCI) an. Der PRC verlor von 130.000 Mitgliedern etwa ein Fünftel.[31]

Teilnahme am NATO-Überfall auf Jugoslawien | Nachdem Prodi in der Kammer eine knappe Abstimmungsniederlage erlitten hatte und zurücktrat, bildete DS-Chef D'Alema eine neue Regierung, in die er die von dem früheren DC-Rechten Francesco Cossiga geführte Union Demokratischer Republikaner (UDR) aufnahm. Es handelte sich um 34 Parlamentarier, die die FI und die mit ihr verbündete CDU verlassen hatten, da sie zum rechten Zentrumskurs der früheren DC zurückwollten. Der PdCI trat mit zwei Ministern in die Regierung ein und trug 1999 die Teilnahme an der NATO-Aggression gegen Jugoslawien mit.

FI und AN verteufelten das Kabinett D'Alema als »kommunistisch unterwandert«. Der römische AN-Chef, Teodore Buontempo, brachte zu einer Kundgebung gegen die Regierung in Rom etwa 300.000 Menschen auf die Beine, viele wieder in Schwarzhemden oder Kampfanzügen. Unter der Flamme des »Duce« und Hakenkreuzen skandierten sie »Nieder mit den Kommunisten«.

Nach Bekanntwerden der Homosexualität eines Lehrers verlangte Fini für solche Pädagogen ein Berufsverbot. Der AN-Abgeordnete Pietro Buscarolli forderte, Homosexuelle »in Konzentrationslager zu schicken«. Das DS-geführte Kabinett erfüllte die Forderung des Vatikans und stellte die katholischen

31 Interview des Autors, der zur Zeit der Ereignisse vor Ort war, mit Fausto Bertinotti. Unsere Zeit, 6. Nov. 1998

Privatschulen mit den staatlichen gleich. Der den Sozialismus abgrundtief hassende Papst Johannes Paul II. zollte D'Alema dafür höchstes Lob. Zwei Stunden empfing er ihn samt Frau und Kindern zur Audienz und gab am Ende von sich »mit diesem Mann kann man auskommen«.

Agnelli Ehrengast der DS | Im Januar 2000 begrüßten Premier D'Alema und DS-Chef Veltroni FIAT-Besitzer Agnelli mit einer brüderlichen Umarmung als Ehrengast ihres Parteitages in Turin. Die führenden Linksdemokraten hofften ein weiteres Mal auf seine Unterstützung der linken Mitte bei den Wahlen im Frühjahr 2001. Die Niederlage bei den folgenden Wahlen in den Regionen, bei denen Mitte-Links von elf bisher von ihr regierten Regionen, vier an die extreme Rechte verlor, konnte als Reaktion der Wähler gesehen werden. D'Alema trat zurück. Sein Nachfolger wurde der konservative Zentrumsmann Giuliano Amato, der in der ISP Stellvertreter von Craxi war. Zu den Parlamentswahlen verzichteten die DS auf die Spitzenkandidatur und stimmten der Nominierung des damaligen Bürgermeisters von Rom, des früheren Grünen-Chefs Francesco Rutelli zu, der 1993 bei der Wahl des Stadtoberhauptes von Rom AN-Führer Fini knapp geschlagen hatte.

Zu den Feiern zum 1. Mai verzichteten die Gewerkschaften auf ihre eigene Demonstration und folgten einer Einladung von Johannes Paul II. zu einer gemeinsamen Feier. Ein letzter Versuch, auf Stimmen der rechten Mitte zu setzen, war der von Amato zusammen mit Staatspräsident Ciampi im März lancierte Vorschlag, den Nachkommen der Savoyer-Dynastie die – in der Verfassung verbotene – Rückkehr nach Italien zu gestatten. Das hätte als nationale Versöhnung gesehen werden können, wenn die Savoyer nicht stets eine Entschuldigung für die schändlichen Verbrechen, an denen sie bei der Errichtung und Aufrechterhaltung der faschistischen Diktatur über 20 Jahre beteiligt waren, abgelehnt hätten. Auch einen Thronverzicht hatten sie nie ausgesprochen. Der liberale Verfassungsrechtler Gianni Ferrara verwies darauf, dass eine Erlaubnis zur Rückkehr ohne Klärung der Vergangenheit eine Rehabilitierung von Trägern der faschistischen Diktatur bedeute und die antifaschistischen Grundlagen der Verfassung antaste.[32] Nachdem ein gemeinsames Wahlprogramm mit Zusagen für soziale Verbesserungen nicht zustande kam, lehnte der PRC ein Wahlbündnis ab und trat allein an.

10. Der Größenwahn des Mediendiktators (2001-2006)

Berlusconis Kampagne zu den für Mai 2001 anberaumten Parlamentswahlen unterschied sich kaum von den vorherigen 1994 und 1996. Die Linksdemokraten blieben für ihn »Enkel Stalins«, die ein kommunistisches Regime errichten wollten. D'Alema nannte er »einen alten Bolschewisten«, dem er »das Arbeiten beibringen« werde. Selbst die Politiker der Zentrumsparteien wurden als Stalinisten verunglimpft. Um den Vatikan zur Unterstützung zu bewegen, sprach sich Spitzenkandidat Rutelli dafür aus, das Gesetz über die Schwangerschaftsunterbrechung aufzuheben und die Unterstützung für die katholischen Schulen zu erhöhen. Die Unterwerfungsgesten reichten indessen nicht, der römische Kardinal Ruini sprach sich für eine Wahl Berlusconis aus. Kurz vor der Abstimmung rief schließlich auch FIAT-Besitzer Agnelli zur Wahl Berlusconis auf. Schließlich sollten wieder Terroranschläge die Wähler von der Wahl der linken Mitte abhalten. Ende April explodierte eine Bombe vor der Gesellschaft für italienisch-amerikanische Be-

32 Nach seinem Wahlsieg erlaubte Berlusconi per Gesetz der Königsfamilie die Rückkehr.

ziehungen auf der Piazza del Popolo im Zentrum von Rom, bei der niemand verletzt wurde. In Turin fand die Polizei vor einem Büro des FIAT-Konzerns einen Sprengsatz, bevor er detonierte. In den Berlusconi-Medien wurden die alten Anschuldigungen aus der Zeit der Strategie der Spannung verbreitet, dass linke Terroristen am Werk seien, gegen die eine starke Hand benötigt werde.

Wahlsieg des profaschistischen Lagers | Am 13. Mai 2001 erzielte dass rechtsextreme Lager mit knapp 50 Prozent einen zweiten Wahlsieg. Die FI erreichte mit rund 30 Prozent ein Drittel mehr als 1996. Die AN kam mit zwölf Prozent auf etwa vier Prozent weniger als 1996. Die Lega verlor ein Drittel ihrer Wähler und sank mit 3,9 Prozent unter die Sperrklausel. Die Olivenkoalition kam auf rund 45 Prozent, davon entfielen 14,5 Prozent auf die Zentrumspartei Margherita. Der allein angetretene PRC erreichte mit 5 Prozent einen dritten Platz.

Ministerposten für Führer der Naziskins | Die AN belegte mit Fini als Vizepremier fünf Ressorts. Es waren durchweg Hardliner, was verdeutlichte, dass der Parteichef nicht beabsichtigte, in der Regierung seinen sonst verkündeten »moderaten« Kurs zu fahren. Der Salò-Faschist und Revanchist Mirko Tremaglia übernahm ein »Ministerium für Auslandsitaliener«. Der Braccio di Ferro (Eisenarm) Maurizio Gasparri belegte das ebenfalls neu geschaffene Telekommunikationsressort, in dem er laut Fini die *RAI* von »linken Elementen« säubern sollte. Landwirtschaftsminister und damit zuständig für die faschistischen Hochburgen im Süden wurde der Führer der Naziskins in Rom, Giovanni Alemanno. Carlo Azeglio Ciampi, der nach den Grundsätzen der Verfassung die Berufung aller Minister der AN und der Lega hätte ablehnen müssen, unternahm nichts dergleichen.

Der rechtsextreme Charakter der Allianz, die sich jetzt Casa delle Libertà (Haus der Freiheiten) nannte, wurde durch

CDU und CCD kaschiert. Berlusconi hatte ihre Präsenz in der Direktwahl nicht nur abgesichert: Sie fielen mit 3,2 Prozent zwar unter die Sperrklausel, der sie jedoch in der Koalition nicht unterlagen und in derselben von Berlusconi auch noch eine unverhältnismäßig hohe Zahl von Mandaten erhielten. Sie stellten 40 Abgeordnete und 29 Senatoren. CCD-Chef Ferdinando Casini wurde Präsident der Abgeordnetenkammer, was gewöhnlich der zweitstärksten Regierungspartei zustand. In der Regierung erhielt die CDU zwei und das CCD einen Ministerposten.

Das »demokratische Outfit« seines 25-köpfigen Kabinetts verstärkte der Chef der Forza Italia weiter durch vier parteilose Politiker. Der frühere WHO-Direktor und langjährige Botschafter in Washington, Renato Ruggiero, sollte als Außenminister die von Berlusconi erklärten »besonderen Beziehungen« zu den USA pflegen. Ähnliche Aufgaben nahm CDU-Chef Rocco Buttiglione im neu geschaffenen Europaministerium gegenüber Brüssel wahr. Am »demokratischen Outfit« wirkten die CDU/CSU der Bundesrepublik samt Medien, etwa die *Frankfurter Allgemeine Zeitung (FAZ)* oder *Die Welt*, mit. Bayerns damaliger Ministerpräsident Stoiber übermittelte Berlusconi postwendend eine Einladung zum Staatsbesuch, der nach den faschistischen Ausschreitungen der Polizei in Genua demonstrativ eine weitere zum CSU-Parteitag folgte. Die *FAZ* vom 15. Mai 2001 bescheinigte der faschistoiden Koalition »demokratische Legitimität« und gab der Hoffnung Ausdruck, mit dem Wahlsieg Berlusconis möge die Ablösung der sozialdemokratisch geführten Regierungen in der EU beginnen.

Der führende kommunistische Philosoph Italiens, Domenico Losurdo, hatte bereits vor dem erneuten Machtantritt Berlusconis auf die neuen Erscheinungsformen des Faschismus verwiesen und davor gewarnt, einen neuen »Duce« an den äußeren Merkmalen eines Hitlers oder Mussolinis zu messen.

Eine chilenische Nacht | Im Juli 2001 fand in Genua der G8-Gipfel statt. Was sich in der Stadt, besonders in der Nacht während des Gipfels, abspielte, wurde von Augenzeugen in zahlreichen Medien als eine »chilenische Nacht« geschildert. Genua war eine »Stadt im Kriegszustand«, das Vorgehen der Sicherheitskräfte »verfassungswidrig«, »Recht und Gesetz außer Kraft gesetzt«, lauteten die Einschätzungen.[33] Es wurden über 600 Personen festgenommen und »Gefangenensammelstellen« zugeführt. Mehr als 300 Demonstranten, darunter zahlreiche Ausländer, auch mehrere Deutsche, wurden zum Teil schwer verletzt. Während einer als »Sturmangriff« bezeichneten nächtlichen Operation der Polizei gegen das Pressequartier in der Dias-Schule, in der auch das Genueser Sozialforum (GSF) untergebracht war, wurden 54 Personen blutüberströmt und schwer verletzt abgeführt. Festgenommene, selbst Verletzte, wurden unter Hitler- und Mussolini-Bildern gefoltert und mussten »Viva il Duce« rufen.

Polizisten, die sich von den Brutalitäten distanzierten, sagten aus, dass die Ordnungskräfte gewaltsame Ausschreitungen, zu denen es seitens der Demonstranten kam, nicht nur selbst provoziert, sondern regelrecht organisiert hatten, um Vorwände für das gewaltsame Vorgehen zu schaffen. Der Regisseur Davide Ferrario filmte Polizeioffiziere bei der Zusammenarbeit mit Agenten des »Schwarzen Blocks«. Der Sprecher des GSF, der Präsident der italienischen Liga zur Aids-Bekämpfung, Vittorio Agnoletto, erklärte, in Genua habe eine Operation wie in Chile unter Pinochet stattgefunden. Während des G8-Gipfels hielt sich AN-Führer und Vizepremier Fini in der Genueser Polizeizentrale auf.

---

33 Von Liberazione und Il Manifesto über Unità und La Repubblica bis zum Corriere della Sera und weiteren regierungskritischen Zeitungen wurde wochenlang über die faschistischen Ausschreitungen berichtet.

In diesem Klima hemmungsloser Repression glaubten viele der im faschistischen Geist großgewordenen Polizei-Offiziere, die im MSI jahrzehntelang propagierte »Stunde X« der Abrechnung mit den Linken sei gekommen. Ein Carabiniere tötete den Studenten Carlo Giuliani von einem Jeep aus gezielt mit einem Schuss. Die *Liberazione* sah die Gefahr »eines offen faschistischen oder autoritären Regimes«. Bodo Zeuner, Professor an der Freien Universität Berlin, warnte, »wenn Polizisten, wenn Spezialeinheiten der Polizei es sich herausnehmen, politisch unliebsame Personen, wie in Genua geschehen, mitten in der Nacht zu überfallen und brutal, ja lebensgefährlich zu verprügeln, dann ist es zu Folterkellern wie denen der SA im Deutschland von 1933 nur noch ein Schritt«.[34]

Es gelang nicht, die Gipfelgegner zur Aufgabe zu zwingen. 300.000 Menschen formierten sich nach den Knüppelattacken der Polizei in Genua zu neuen Protesten, in ganz Italien waren es danach über eine Million. Die Proteste verhinderten, dass Berlusconi und Fini diese Repression mit den Methoden von Genua weiterführen oder gar verstärken konnten. Kommunikationsminister Gasparri verhängte über die RAI eine rigorose Pressezensur und verbot, Sendungen auszustrahlen, welche die blutigen Ausschreitungen der Polizei zeigten.

Die rechtsextreme Koalition wies den Antrag der Opposition nach Einsetzung einer parlamentarischen Untersuchungskommission zurück. Unter dem Druck der Proteste musste der Verfassungsausschuss allerdings eine Ermittlungskommission einsetzen, der jedoch keine richterlichen Vollmachten oder Gesetzeskraft zustanden. Es gab keine wesentlichen Konsequenzen, lediglich drei untergeordnete Polizeikommandeure wurden auf andere Posten versetzt und »Missbrauch« und »grundlose Anwendung von Gewalt« eingeräumt.

---

34 Unsere Zeit, 3. Aug. 2001

Konfrontation mit dem alten Industrieadel | Im Januar 2002 trat Außenminister Ruggiero zurück. Der Berufsdiplomat alter Schule war ein Mann der von FIAT-Besitzer Agnelli angeführten Kapitalgruppe, welche Berlusconis Lavieren zwischen EU und USA als zu abenteuerlich ansah. Diese Unternehmer waren nicht bereit, sich von Washington auf dem Balkan ausbooten zu lassen oder sich dem Weltherrschaftskurs der USA bedingungslos unterzuordnen. Berlusconi wollte Agnelli, die frühere Nummer Eins des italienischen Kapitals, ausschalten oder zumindest ins zweite Glied verweisen. Dass Berlusconi »den alten Industrieadel« ausschalten wolle, sorge »für Zwiespalt im Unternehmerlager«, vermerkte die *FAZ* am 4. Juni 2002. Nach dem Rücktritt Ruggieros übernahm Berlusconi selbst das Außenressort. Erst im Oktober 2004 gab er es an Fini ab.

Demokratie- und Sozialabbau | Noch gegen ihn laufende Verfahren bzw. Urteile in erster Instanz würgte Berlusconi mit Hilfe ihm wohl gesonnener Richter ab oder sorgte mit Regierungsdekreten für ihre Aufhebung. Eine »Lex Berlusconi« verbot Ermittlungen gegen ihn. Bilanzfälschungen, derer er im großen Stil angeklagt war, wurden nicht mehr strafrechtlich verfolgt oder fielen unter die Verjährung. Allenfalls wurde ein Bußgeld fällig. Der Regierungschef profitierte von einem Dekret, das umfangreiche Steuerersparnisse auf reinvestierte Unternehmensgewinne gewährte. Wer seine Profite steuerfrei ins Ausland transferiert hatte, wurde von Strafverfolgung freigestellt, wenn er die Gelder nach Italien zurückbrachte. Es wurde lediglich eine lächerliche Steuer von 2,5 Prozent auferlegt, wenn die Beträge in staatlichen Schatzbriefen angelegt wurden. Da keine Kontrolle der Herkunft stattfand, war es so möglich, auch Schwarzgelder der Mafia zu waschen. In Liechtenstein wurde deswegen gegen zwei Italiener ermittelt, bei denen es um eine Summe in Höhe mehrstelliger Millionen Schweizer Franken ging und unverhüllt angedeutet, Berlusconi könnte darin verwickelt sein. Die Strafverhinderungsgesetze hatten zur Folge, dass 5.000 Strafverfahren eingestellt wurden, wovon auch Berlusconis Klientel profitierte.

Unter Berlusconi begann ein bis dahin nicht gekannter Abbau elementarster Arbeiter- und Bürgerrechte. Im Rahmen der sogenannten Flexibilisierung des Arbeitsmarktes wollte er den in Artikel 18 des Arbeitsgesetzes verankerten Kündigungsschutz beseitigen. Das scheiterte zwar am Arbeiterwiderstand, wurde aber in Einzelmaßnahmen durchgesetzt, so durch die Aushebelung von Tarifverträgen und die Befristung von Arbeitsverträgen. Lohnsenkungen wurden verwirklicht, indem Arbeiterinnen und Arbeiter genötigt wurden, in Entlassungen einzuwilligen, um sie dann mit niedrigeren Löhnen und weniger Rechten, z. B. beim Kündigungsschutz, wieder einzustellen. Ein Immigrationsgesetz der Lega Nord begrenzte die Einwanderung. Nach offiziellen Angaben lebten 2002 in Italien 1,23 Millionen »Extracomunitari«, Einwanderer aus Staaten außerhalb der EU. Die Dunkelziffer wurde höher geschätzt. Abschiebungen nahmen danach um 26 Prozent zu.

Als AN-Chef Fini im Frühjahr 2002 für den Reformkonvent der EU nominiert wurde, legte er wieder einmal demokratische Schminke auf und erklärte, er würde heute nicht mehr wie 1994 sagen, Mussolini sei »der größte Staatsmann des Jahrhunderts«. Auf dem im April 2002 tagenden Kongress, ließ er die demokratischen Hüllen aber wieder fallen und erklärte vor den 2.000 Parteitagsteilnehmern: »wir haben unsere Seele nicht verkauft« und bekannte sich ausdrücklich zur faschistischen Kontinuität. *La Repubblica* berichtete am 6. April, dass anschließend eine Abordnung von 200 Delegierten an der Grab- und Gedenkstätte Mussolinis in Predapio die guten Taten des »Duce« würdigte und erklärte, »wir schauen in die Zukunft, aber wir werden der Vergangenheit nicht abschwören«.

Dario Fo warnt vor der »Etablierung des Faschismus« | Der Literaturnobelpreisträger Dario Fo warnte im Januar 2002 vor dem »Collège International de Philosophie« in Paris vor einer »Etablierung des Faschismus« und mahnte zur antifaschistischen Aktionseinheit.[35] Der Schriftsteller und Universitätsprofessor Umberto Eco, Autor von weltberühmten Werken wie »Der Name der Rose«, sah im Regierungskurs Berlusconis ein Erbe des übelsten Faschismus. Nach dem G8-Gipfel in Genua gründete er 2002 die Oppositionsgruppe Intellektueller, Libertà e Giustizia (Freiheit und Gerechtigkeit), die ihren Namen der gleichnamigen Widerstandsorganisation gegen Mussolini entnahm.

Eco und international bekannte Schriftsteller wie Antonio Tabucchi und Andrea Camilleri (Erfinder des »Commissario Montalbano«), protestierten öffentlich gegen den Medientycoon. Tabucchi verglich in seiner Erzählung »Im Reich des Heliogabal[36] – Ein Aufruf gegen die Diktatur des Wortes« Berlusconi mit jenem Soldatenkaiser und charakterisierte seine Mediendiktatur als »eine orientalische Form der Despotie nach jener Art, die Heliogabal über Rom errichtet hatte«.[37] Auf der langen Liste von Schriftstellern, die sich gegen den Despoten wandten, standen außerdem Luigi Malerba, Angelo Bolaffi, Silvia Ballestra, Nanni Moretti und Stefano Benni. Rund 200 bekannte Intellektuelle unterschrieben einen Appell von Gian Maria Anselmi und Alberto Asor-Rosa, in dem sie forderten, die grundlegenden Freiheiten der Demokratie und des zivilen Lebens zu verteidigen. Sie alle stempelte Berlusconi zu übelsten Kommunisten oder zu ihren Komplizen ab.

35 Le Monde, 11. Jan. 2002

36 Heliogabal, Oberpriester des Kultes des gleichnamigen Sonnengottes, der von 218-222 u. Z. römischer Kaiser war.

37 In: Susanne Schüssler

In Rom demonstrieren drei Millionen | Gegen Berlusconi fanden immer wieder Massendemonstrationen und Streiks statt. Eine der größten Kampfaktionen war eine Demonstration mit drei Millionen Menschen in Rom am 29. März 2002. Im Mittelpunkt der Losungen stand die Verteidigung des Artikels 18 des Arbeiterstatuts. Die Protestaktion war eine schwere Niederlage für die Regierung, die es danach nicht wagte, den Artikel zu beseitigen, ihn allerdings in bekannter Weise aushöhlte.

Einen Aufruf der CGIL zum Generalstreik diffamierte Berlusconi, damit begäben sich die Gewerkschaften auf die terroristische Linie der Roten Brigaden. Die *Liberazione* warnte vor einer Neuauflage der Strategie der P2 und ihrer »faschistischen Massaker« und appellierte, dieser Gefahr entschlossen entgegenzutreten. Der Ausstand erteilte dieser üblen Provokation dann eine Abfuhr. In Florenz kamen 400.000 Menschen zur Kundgebung, 300.000 in Mailand, 200.000 in Turin, ebenso viele in Neapel. Die Losungen lauteten: »Kein neues Genua«, »Denkt an Chile«, »Nie wieder Faschismus«, »Gegen den Terrorkrieg der USA«, »Schützt unsere ausländischen Mitbürger«, »Stoppt Rassismus und Ausländerfeindlichkeit«.[38]

PRC verzichtet auf führende Rolle | Der vom 4. bis 7. April 2002 in Rimini tagende PRC-Kongress rief die Linksdemokraten auf, eine neue Aktionseinheit herzustellen und auf dieser Grundlage das Mitte-Links-Bündnis mit einer klaren Opposition gegen Berlusconi zu erneuern. Gleichzeitig kamen revisionistische Erscheinungen – wie einst in der IKP – zum Vorschein. Der PRC verzichtete auf eine führende Rolle an der Spitze der Arbeiterklasse, die nun der Anti-Globalisierungs-Bewegung zugeschrieben wurde, in der die Partei »Gleiche unter Gleichen« sein wollte. Die leninistische Strömung, zu welcher Domenico Losurdo gehörte, kündigte »strategischen Dissens« an, was ver-

38 Liberazione, 30./31. März; 17./18. April;. 19., 23., 28. Mai 2002

hinderte, den Parteinamen zu ändern und Hammer und Sichel zu streichen. Der mit 87 Prozent als Sekretär wiedergewählte Fausto Bertinotti erklärte die Frage der Umwandlung des PRC für »offen«. Es gelang dem linken Flügel, ein revolutionäres Aktionsprogramm durchzusetzen, in dem zum Widerstand gegen die Kriegs- und Expansionspolitik der USA aufgerufen wurde, Antikapitalismus, der Klassenkampf, das Bekenntnis zur sozialistischen Perspektive und zur internationalen Solidarität mit den Befreiungskämpfen in der Dritten Welt verankert wurden.[39]

Berlusconi Ratspräsident der EU | Als Berlusconi im Sommer 2003 die halbjährige Ratspräsidentschaft der EU antrat, kam es in Straßburg – wenn auch nur partiell – zu Kritik an dem kriminellen Regierungschef. Der damalige Europaabgeordnete und stellvertretende Vorsitzende der sozialdemokratischen Fraktion im EU-Parlament, Martin Schulz (BRD), kritisierte die »Lex Berlusconi« als Manipulierung der Justiz. Berlusconi schmähte ihn mit den Worten, er solle in einem in Italien gerade gedrehten Film über Konzentrationslager die Rolle des »Kapo« spielen. Der Nazivergleich löste einen Proteststurm aus. Die Turiner *La Stampa* schrieb, dass der italienische Regierungschef »nicht berechtigt sei, Europa zu repräsentieren«.

Prodi kandidiert wieder | Nach dem Ende seiner sechsjährigen Amtszeit als EU-Kommissionspräsident in Brüssel meldete Prodi erneut seine Kandidatur für die Parlamentswahlen (2006) an der Spitze einer neuen Mitte-Links-Koalition an, der sich diesmal sowohl PRC als auch PdCI anschlossen. Das Bündnis verzichtete auf das Olivenbaum-Symbol und nannte sich »Unione per la Democrazia«. Rutelli schloss sich nicht an, sondern gründete mit dem PPI, Rinnovamento und kleineren Grüppchen die katholische Zentrumspartei Margherita.

---

39 Liberazione, Parteitagsberichte ab 5. April 2002

Bertinotti sagte auf dem PRC-Parteitag im März 2005 zu, dass sich die Partei nach einem Wahlsieg an der Regierung beteiligen werde, um einen progressiven Weg sozialer und struktureller Reformen einzuschlagen. Außenpolitisch forderte die Partei, sofort die italienischen Soldaten aus dem Irak heimzuholen.[40]

Bei den Wahlen in 13 Regionen im April 2005 gewannen in elf von ihnen die Kandidaten von Mitte-Links. Die *Liberazione* schrieb am 5. April »Finita L'Era Berlusconi« (Ende der Ära Berlusconi). Dieser Meinung schien auch die CDU zu sein, die ihre Minister aus der Regierung zurückzog. Berlusconi trat zurück und testete, ob die Opposition Neuwahlen verlange. Die Union setzte jedoch auf ein weiteres Abwirtschaften Berlusconis. Der bildete ohne große Veränderungen seine letzte Exekutive.

Faktisch begann bereits der Wahlkampf, in dem Berlusconi erneut das alte Gespenst der »roten Gefahr« an die Wand malte und die Linksdemokraten als »Stalinisten« verketzerte, die im »Bunde mit Prodis Kommunisten« unmittelbar vor der Machtübernahme stünden. In anderen Hetztiraden machte er den eher konservativen früheren Christdemokraten gar zum »Oberkommunisten«, der eine »rote Diktatur« errichten wolle. Er verglich sich mit Churchill, Napoleon und sogar mit Jesus.

»Duce«-Enkelin Spitzendkandidatin Berlusconis | Um sich Stimmen aus dem Lager der faschistischen Hardliner zu sichern, ernannte Berlusconi die »Duce«-Enkelin Alessandra Mussolini, Führerin des Movimento Sociale, dem sich die Fiamma Pino Rautis und die Forza Nuova angeschlossen hatten, zu seiner Capolista (Spitzenkandidatin).[41] Der FI-Chef missbrauchte wieder hemmungslos sein Medienmonopol und war in den ersten zwei Januarwochen über drei Stunden in den Nachrichten und anderen TV-Sendungen präsent, während Prodi ganze acht Minuten

40 Liberazione, 2. bis 7. März 2005

41 Liberazione, 18. Febr. 2006

zustanden. Auch die seit Februar offiziell gültige Regelung der Medienpräsenz »par condizio« (gleiche Bedingungen) unterlief er mit diversen Tricks. Kurz vor den Wahlen ließ Berlusconi das gemischte Wahlsystem aus 75 Prozent Mehrheitswahl und dem Rest Verhältniswahlrecht, das er 1993 eingeführt hatte, fallen und kehrte zur reinen Verhältniswahl zurück. Das neue Wahlrecht sagte dem Wahlsieger in der Abgeordnetenkammer zusätzlich einen Mehrheitsbonus zu, so dass er 340 der insgesamt 630 Mandate bekam. Schließlich übernahm er noch 3.000 vom Vatikan ausgewählte Religionslehrer in den Staatsdienst, um sich die Stimmen möglichst vieler Katholiken zu sichern.

Prodi setzte im Wahlkampf gegen Berlusconis Napoleon-Pose mit seriöser Haltung Kontraste, die Wirkung zeigten. In einem Fernsehduell mit dem Medientycoon erzielte er auf dessen Paradeparcours, wie *La Stampa* oder *La Repubblica* schrieben, einen klaren Punktevorsprung. Pluspunkte besaß er bei breiten Bevölkerungsschichten mit seinem Versprechen, die italienischen Truppen aus dem Irak zurückzuziehen.

Führende Kapitalkreise zeigten sich unzufrieden mit der Stagnation der Wirtschaft. Italien drohe der Ausstieg aus der G8-Gruppe, warnte der Direktor des FIAT-Imperiums, di Montezemolo, der an der Spitze der Confindustria stand, und forderte, diese Probleme müssten rasch gelöst werden. Nach Meinung der *Financial Times Deutschland* vom 20. Februar 2006 ging Berlusconi dem Ende seiner Amtszeit entgegen.

11. Intermezzo Mitte-Links und Fall Berlusconis (2006-2011)

Die Parlamentswahlen am 9./10. April 2006 gewann die Mitte-Links-Union mit 49,8 Prozent der Stimmen, im Senat allerdings nur mit einem Vorsprung von zwei Sitzen. In der

Abgeordnetenkammer verschaffte ihr der von Berlusconi eingeführte Siegerbonus die Mehrheit von 340 Mandaten. Die Linksdemokraten wurden mit ca. 31 Prozent stärkste Partei. Der PRC rückte mit etwa 7 Prozent auf Platz vier vor. Die FI sank um rund 6 auf 23,7 Prozent ab. Die AN steigerte sich mit 12,3 geringfügig, die Lega erreichte mit 4,6 Prozent fast einen Punkt mehr als fünf Jahre vorher. Berlusconi weigerte sich, das Wahlergebnis anzuerkennen. Seine Fernsehsender meldeten pausenlos »Wahlfälschungen«, eine »Verschwörung der Kommunisten«, einen »Staatsstreich der Linken«. Eine gerichtliche Prüfung ergab keine Korrektur der Wahlergebnisse.

Union besetzt Schlüsselpositionen | Staatspräsident wurde der Ex-Kommunist und nunmehrige Linksdemokrat Giorgio Napolitano, Senatspräsident der aus der Margherita zur PD gekommene Franco Marini, Parlamentspräsident PRC-Sekretär Bertinotti. Prodi holte die 3.200 Soldaten aus dem Irak heim. Die 1.900 Italiener in Afghanistan ebenfalls abzuziehen, lehnte er ab. Einen Sieg errang die Union im Referendum über die von Berlusconi hinterlassene Verfassungsreform, die 61,7 Prozent ablehnten. Mit ihr waren föderalistische Elemente eingeführt und die Macht des Premiers erweitert worden, der Minister ernennen und entlassen konnte. Der Staatspräsident hatte bei Regierungskrisen nur noch nach Aufforderung des Premiers das Parlament auflösen und vorzeitige Neuwahlen ausschreiben dürfen.

Forza Italia in Operationen der Mafia verstrickt | Bei einer Operation in Palermo gelang es, 45 führende Mafiosi festzunehmen und aufzudecken, dass die FI in Operationen der Mafia verstrickt war. Unter den Verhafteten befanden sich Mafiosi, die früher der Mitgliedschaft in der P2 überführt worden waren.[42] Die Haushaltdebatte offenbarte ein astronomisches

42 Liberazione, 21./22. März; Financial Times Deutschland, 21. März 2007

Haushaltsdefizit und eine enorme Haushaltsverschuldung. Der PRC, PdCI, teilweise auch die Linksdemokraten forderten grundlegende Korrekturen bzw. Rücknahmen der Maßnahmen Berlusconis. Die Confindustria legte umgehend ihr »Veto« ein und verlangte, die Interessen der Unternehmer nicht anzutasten. Gestoppt wurde der Brückenbau vom Festland nach Sizilien, eines der Projekte, mit denen Berlusconi Milliarden in die eigene Tasche scheffeln wollte.

Geheimdienstskandale | Die Regierung Prodi deckte zwei Abhörskandale auf: Einen Spionagering bei der Telecom und einen zweiten bei der Steuerdatenbank. Es waren höchste Politiker der Opposition ausspioniert worden, darunter Prodi, Napolitano und D'Alema. Sichergestellt wurde ein Papier des Militärgeheimdienstes SISMI, das fast wörtlich an das frühere CIA-Dokument FM 30-31 erinnerte und festlegte, Gegner Berlusconis zu neutralisieren und »auseinanderzunehmen«, auch mit »traumatischen Operationen«. Berlusconi hatte auch eine CIA-Operation gedeckt, in der der Imam von Mailand, Abu Oman, im Februar 2003 überfallen, nach Kairo geschafft und dort inhaftiert worden war. Anfang Februar 2007 musste letzterer freigelassen werden. An der Verschleppung waren 26 CIA-Agenten und 13 italienische Geheimdienstler, unter ihnen der Chef des SISMI beteiligt. Prodi löste ihn und den Chef des zivilen SISDE ab und setzte, wie er betonte, zuverlässige Nachfolger ein. Berlusconi und alle Verantwortlichen stritten ihre Beteiligung an den Skandalen ab. Die Beweise waren jedoch erdrückend. Washington selbst erklärte unmissverständlich, Rom sei informiert gewesen.[43]

---

43 Der Imam trug den Fall dem Menschenrechtsgerichthof in Straßburg vor. 2016 verurteilte dieser das Verhalten der damaligen Regierung wegen Verstoßes gegen die Europäische Menschenrechtskonvention. Zudem hätten die Ermittlungen und der Prozess zu keiner Verurteilung geführt (La Repubblica, 24. Febr. 2016). Verschwiegen wurde, dass sich alle beteiligten CIA-Agenten dem Verfahren durch Flucht in die USA entzogen.

Proteste gegen US-Stützpunktausbau | Im sozialen Bereich kam es zunächst zu keinen gravierenden neuen Belastungen. Es gelang Prodi, die Steuerhinterziehungen einzuschränken, und dadurch 30 Mrd. Euro einzunehmen, was ermöglichte, das Haushaltsdefizit abzubauen. Die Enthüllungen der illegalen CIA-Aktivitäten gaben Protesten der Friedensbewegung gegen den Ausbau der US-Basis in Vincenza zur größten in Europa und zum Sprungbrett für Einsätze auf dem Balkan und im Nahen und Mittleren Osten Auftrieb. Die Friedensbewegung forderte, nicht nur den Ausbau zu untersagen, sondern die Basis überhaupt zu schließen, da ihre Nutzung für Washingtons Angriffskriege gegen Artikel 11 der Verfassung verstoße, der Italien verpflichte, »den Krieg als Mittel des Angriffs auf die Freiheit anderer Völker und zur Lösung internationaler Streitfragen« abzulehnen. Prodi wagte nicht, den Ausbau zu widerrufen. Am 19. Februar demonstrierten daraufhin vor der Basis über 200.000 Menschen, an ihrer Spitze Nobelpreisträger Dario Fo. Die Teilnahme von Ministern des PRC und des PdCI nahmen am 21. Februar 2007 zwei Senatoren der beiden KPs zum Anlass, sich bei der Abstimmung über den weiteren Einsatz in Afghanistan zu enthalten, was im Senat als Gegenstimme zählte. Die Stimmen fehlten Prodi, der damit eine Niederlage erlitt. Die extreme Rechte forderte Neuwahlen. Staatspräsident Napolitano empfahl dem Premier jedoch, sich einer Vertrauensabstimmung zu stellen. Der machte das von künftiger straffer Koalitionsdisziplin abhängig, was die Zustimmung zur Fortsetzung des Afghanistan-Einsatzes und zu sozialen Einschnitten einschloss. Danach gewann er mit den Stimmen des PRC und des PdCI die Vertrauensabstimmung in beiden Kammern.

Linksdemokraten und Katholiken fusionieren | In dieser Situation fusionierten die katholische Margheritapartei und die Linksdemokraten zu einer Demokratischen Partei (Partito Democratico – PD), um einer Unions-Regierung bei künftigen

Wahlen aus der Mitte die Mehrheit sichern und die Kommunisten loszuwerden. Auf dem ersten PD-Kongress am 27. Oktober 2007 wurde der Ex-Kommunist und Wirtschaftsprofessor Walter Veltroni, zu dieser Zeit Bürgermeister von Rom, zum PD-Chef gewählt. Der Mitinitiator des Zusammenschlusses, Francesco Rutelli, der offensichtlich gehofft hatte, die Führung der neuen Partei zu übernehmen, trat ihr nicht bei. Mit der PD-Gründung entsagten die führenden Linksdemokraten sozialistischen bzw. sozialdemokratischen Traditionen, auf die sie sich 1991 bei der Umwandlung der IKP in die Linkspartei noch berufen hatten.

Etwa 15 Prozent der DS verweigerten sich dem Zusammenschluss. 21 ihrer Abgeordneten gründeten danach mit dem Wirtschaftsminister Fabio Mussi eine neue Partei, die Sinistra Democratica (SD). Ihre Parlamentarier verblieben in der Regierungskoalition.

Berlusconi tauft Forza Italia um | Berlusconi taufte danach seine FI auf den schillernden Namen Partito dell Popolo della Libertà – PdL (Partei des Volkes der Freiheit) um, was er als Neugründung ausgab. Er rief die AN und die Lega Nord zum Beitritt auf, um sie zur stärksten Partei Italiens zu machen. In seiner großsprecherischen Art behauptete er am 12. Dezember 2007, seiner PdL seien bereits 1,1 Millionen Menschen beigetreten. Sowohl Fini als auch Bossi lehnten einen Beitritt ab.

Aus für Prodi | Im Januar 2008 trat die Demokratische Union für Europa (UDEUR), eine christdemokratische Splittergruppe in der Koalition Prodis, aus der Regierung aus. Damit verlor der Regierungschef im Senat drei Stimmen seiner Mehrheit von nur zwei und erlitt bei einer Abstimmung über seine Außenpolitik am 24. Januar 2008 eine Niederlage, nach der er zurücktrat. Prodi war, wie einem Bericht von *ANSA* vom 17. Januar 2008 zu entnehmen, einem Manöver der Confindustria zum

Opfer gefallen. Deren Präsident di Montezemolo hatte das Ziel mit dem Slogan »Stoppt die maximalistische Linke« vorgegeben.[44] Nachdem ein Versuch Staatspräsident Napolitanos zur Bildung einer Übergangsregierung aus Fachleuten an der Ablehnung Berlusconis gescheitert war, löste dieser das Parlament auf und schrieb für den 13. und 14. April 2008 vorgezogene Neuwahlen aus.

Obwohl AN-Chef Fini einen Beitritt zum PdL abgelehnt hatte, trat er zu den Wahlen 2008 auf dessen Liste an. Lega-Chef Bossi lehnte das ab, vereinbarte aber mit Berlusconi Wahlabsprachen zur gegenseitigen Unterstützung von Kandidaten. Die CDU verweigerte sich einem neuen Wahlbündnis mit Berlusconi.

Das frühere Mitte-Links-Lager fand nicht zur Einheit und stellte sich in mehreren Blöcken auf. Für den PD trat Walter Veltroni an. Er lehnte ein Wahlbündnis mit PRC und PdCI ab und bildete eine Koalition mit der Partei »Italia dei Valori« (IdV, deutsch: Italien der Werte) des aus den Mailänder Korruptionsprozessen der 90er Jahre bekannten Staatsanwalts Antonio Di Pietro. Um die Unterstützung führender Kapitalkreise zu gewinnen, versprach er eine Flexibilisierung des Arbeitsmarktes, weitere Privatisierungen öffentlicher Betriebe, Steuersenkungen und die Subventionierung der Arbeitskosten durch den Staat. Er sagte einen Mindestlohn von 1.000 Euro zu und versprach ein Entbindungsgeld von 2.500 Euro. In ihrer Ausgabe vom 10. Februar 2008 stellte *La Repubblica*, nunmehr Sprachrohr des PD, Veltroni als Vertreter der »authentischen produktiven Bourgeoisie« eines »demokratischen Kapitalismus« des Landes vor und propagierte einen »demokratischen Pakt zwischen Arbeitern und Bourgeoisie«.

---

44 Liberazione, 22. Okt. 2007. Der Begriff »maximalistische Linke« zielte auf PRC und PdCI.

PRC und PdCI bildeten mit der Sinistra Democratica und den Verdi eine Sinistra Arcobaleno (Regenbogenlinke), als deren Spitzenkandidat Fausto Bertinotti antrat. Er propagierte das Parteienbündnis als »eine neue Linke, die allen offensteht«. Das weckte bei vielen zur kommunistischen Identität stehenden Mitgliedern und Sympathisanten Befürchtungen, aus dem Parteienbündnis solle eine Linkspartei ähnlich der Europäischen Linken[45] entstehen, in der der PRC aufgehen sollte. Die parteiinterne Opposition Sinistra Critica im PRC lehnte den Regenbogen ab und trat auf einer eigenen Liste an. Die dritte KP, der Partito Comunista dei Lavoratori (Kommunistische Arbeiterpartei) trat ebenfalls alleine an. Sie bestand bis 2006 als Strömung im PRC, war im Mai des Jahres aus Protest gegen die Regierungsbeteiligung ausgetreten und hatte sich danach im September unter dem Philosophieprofessor Marco Ferrando, einem Mitglied des Präsidiums der trotzkistischen IV. Internationale, zum PCL konstituiert.

Berlusconi versuchte wiederum, sich die Stimmen der faschistischen Hardliner zu sichern und setzte Alessandra Mussolini erneut auf einen vorderen Listenplatz. Der PdL bekundete offene Bewunderung für Mussolini. Übelster Antikommunismus prägte erneut die Wahlkampagne. Berlusconi diffamierte Veltroni als einen Erzlügner und »recycelten Stalinisten«, der »in seinem ganzen Leben noch keinen Tag gearbeitet« habe, seinen PD als »letzte Mogelpackung der Kommunisten« und geiferte, er werde »jeden nur denkbaren Gegner in der Luft zerreißen«.[46] Kernthemen seines Wahlkampfes bildeten Ausländerfeindlichkeit, Rassismus und Homophobie. Soziale Fragen blieben weitgehend ausgeklammert. Lega-Führer Bossi forderte

45 Der 2004 gebildeten Europäischen Linkspartei gehörte der PRC an, Bertinotti hatte bis 2007 ihren Vorsitz inne.

46 Corriere della Sera bzw. Reuters, 27. März; ANSA, 23. März; La Repubblica, 11. April 2008

eine noch schärfere Abschottung gegen Migranten, vor allem gegen Roma und Moslems. Es sei leider »leichter, Ratten zu vernichten, als Zigeuner auszurotten«.[47] Illegale Einwanderer sollten in Lager gesperrt werden. Er drohte, seine Anhänger »an die Gewehre zu rufen«, um auf die »römischen Schurken«, womit die Linken gemeint waren, anzulegen. AN-Chef Fini ordnete sich im Wahlkampf dem PdL unter, trat wenig in Erscheinung und hielt Distanz zu den Hardlinern der faschistischen Bewegung außerhalb seiner Partei. Beobachter werteten das später als Zeichen seiner beginnenden Distanzierung vom extremen Kurs Berlusconis.

Linke nicht mehr im Parlament | Bei den Wahlen am 13./14. April 2008 blieb die Sinistra Arcobaleno mit 3,1 Prozent unter der Vier-Prozent-Sperrklausel. Zum ersten Mal in der italienischen Nachkriegsgeschichte waren Kommunisten und Sozialisten – und mit ihnen die Grünen – nicht mehr im Parlament vertreten. 2006 hatten die Parteien des Regenbogens noch rund 12 Prozent erreicht. Drei Viertel dieses Anteils waren dabei auf PRC und PdCI entfallen, 2008 verloren sie dagegen drei Millionen Wähler. In den Wahlergebnissen zeigten sich die Folgen der Spaltung. Der PCL und die Kritische Linke erreichten jeweils 0,5 bzw. 0,4 Prozent. Diese Stimmen hätten PRC und PdCI und damit den Regenbogen über die Vier-Prozent-Hürde bringen können. Auch der neue PD erzielte nur 34 Prozent.

Berlusconi kam auf fast 46 Prozent und gelangte zum dritten Mal an die Regierung. Er profitierte wieder von der Klausel, die dem Wahlsieger, selbst wenn er nur eine Stimme mehr erreichte, in der Abgeordnetenkammer einen Mehrheitsbonus von 340 Mandaten zusprach. Die Linke Mitte hatte an der Klausel nicht gerührt, weil sie meinte, bei einem Wahlsieg selbst

---

47 Süddeutsche Zeitung, 16. April 2008

davon profitieren zu können. Das war 2006 der Fall gewesen, während sie nun wieder Berlusconi diente.

PRC zu Ursachen der Niederlage | Ein PRC-Parteitag im Juli 2008 lehnte Bertinottis Konzept eines Aufgehens in einer Linkspartei ab und bezeichnete nun die Regierungsbeteiligung mit der Unterstützung des Kriegseinsatzes in Afghanistan als Ursache der Wahlniederlage. Die Nachfolge Bertinottis, der nicht wieder kandidierte, wollte Nichi Vendola, ein früherer Kommunist und Gegner der IKP-Auflösung, antreten. Er hatte 1991 und 2005 das Mitte-Links-Bündnis zur Regionalwahl in Apulien angeführt und war nach dessen Sieg Ministerpräsident geworden. Da Vendola Bertinottis Bildung einer Linkspartei weiterführen wollte, trat gegen ihn der frühere FIAT-Arbeiter Paolo Ferrero an und wurde gewählt.[48]

Bertinotti und Vendola verließen im Januar 2009 den PRC. Obwohl nicht Mitglied des PD, kandidierte Vendola zur Wahl 2010 in Apulien auf dessen Liste und wurde nach dem Wahlsieg als Ministerpräsident bestätigt. Im Dezember 2010 gründete er die Linkspartei Sinistra Ecologia e Libertà – SEL (Linke für Umwelt und Freiheit), in der die SD weitgehend aufging. Von den zu dieser Zeit noch etwa 90.000 Mitgliedern des PRC wechselten etwa 30.000 bis 40.000 zur SEL.

Der PdCI setzte sich kritischer als der PRC mit der Regierungsbeteiligung 2006-2008 auseinander. Das opportunistische Verhalten von 1998/99, die Unterstützung des NATO-Überfalls auf Jugoslawien in der Regierung also, wurde dagegen stillschweigend übergangen, die damalige Trennung aber bedauert und Ferrero eine Wiedervereinigung vorgeschlagen. Dieser lehnte jedoch ab, da er befürchtete, es könnte seine Führungsposition schwächen und er selbst gar durch PdCI-Sekretär Oliviero Diliberto Konkurrenz erhalten.

48 Liberazione, 30. Juli 2008

Kapitalkreise lassen Berlusconi fallen | Fini, der Parlamentspräsident wurde, trat nun im März 2009 mit seiner AN dem PdL bei. Sein Ziel war, deren Führung zu übernehmen. Als er damit scheiterte, verließ er im April 2010 mit 36 Abgeordneten seiner früheren AN den PdL. Gleichzeitig gründete er eine neue Partei Futuro e Libertà – FeL (Zukunft und Freiheit). Damit setzte die Krise des Berlusconi-Regimes offen ein. Offiziell begründete Fini seinen Schritt als Bruch mit dem diktatorischen Führungsstil Berlusconis, der alles allein entscheide und es »an Respekt, Verlässlichkeit und Achtung vor dem, was vereinbart worden« sei, fehlen lasse. In Distanz zur scharf rassistischen Einwanderungspolitik Bossis trat er nun für »liberale Positionen« ein, so für ein kommunales Wahlrecht von Migranten und deren raschere Einbürgerung. Hatte er früher Homosexuelle in Konzentrationslager sperren wollen, so sprach er sich jetzt für die Anerkennung gleichgeschlechtlicher Partnerschaften aus. Als Fini am 14. Dezember 2010 Berlusconi mit einem Misstrauensvotum in der Kammer stürzen wollte, misslang das jedoch. Vier seiner Anhänger stimmten für Berlusconi. Wie verlautete, hatte dieser sie mit bis zu einer Million Euro pro Person gekauft.

Fini handelte im Interesse einflussreicher Kapitalkreise, die sich anschickten, den Mediendiktator fallen zu lassen. Die *Financial Times Deutschland* schrieb am 6. April 2010 »Berlusconis Ex-Parteifreunde basteln Gegenbündnis«. Berlusconis über den üblichen Rahmen der Herrschaft der Großbourgeoise hinausgehender diktatorischer Regierungskurs, der immer mehr faschistoides Gepräge annahm und den letzten Rest von bürgerlicher Demokratie zur Makulatur werden ließ, führte zu einer immensen Belastung für das politische Establishment und beunruhigte führende Kapitalkreise. Vor Berlusconi übernahm für gewöhnlich ein Repräsentant der politisch herrschenden Klasse die Regierungsgeschäfte; er vertrat die Interessen des Kapitals und sorgte möglichst für einen Ausgleich gegensätzlicher Positionen. Diesen Grundsatz hatte Berlusconi als reichster Kapitalist durchbrochen und eine Personalunion von Kapital und politischer Exekutive hergestellt. Immer mehr Unternehmer wurden es leid, dass der Regierungschef sein Amt vor allem zum Wirtschaften in die eigene Tasche nutzte. Angesichts der sich verschärfenden internationalen Wirtschafts- und Finanzkrise wurde befürchtet, der ständig mit seinen Strafprozessen belastete Berlusconi werde die Situation nicht in den Griff bekommen. Ihnen schwebte die Rückkehr zu einer Art Neuauflage des von der alten DC angeführten Regierungssystems vor, in dem diese wechselnd Koalitionen der Linken oder Rechten Mitte bildete. Bis dahin herrschte auch einigermaßen ein Ausgleich zwischen den verschiedenen Gruppierungen des Kapitals. Erst der Newcomer Berlusconi ließ mit seiner seit den 1970er Jahren neu formierten Gruppe des Wirtschafts- und Finanzkapitals und seinem absoluten Herrschaftsanspruch dieses System aus den Fugen geraten.

Fini spielt geläuterten Faschisten | Fini versuchte, sich als Kandidat der Rückkehr zu einem neuen Mitte-Rechts-Konzept zu präsentieren. Man müsse »wieder zu klaren politischen Lagern« kommen. Seine neue Mitte-Rechts-Partei werde sich »deutlich vom PdL« abheben und »eine Politik betreiben, die nicht automatisch zu allem Nein sagt, was die Linke vorbringt, sondern in einigen Fragen die Übereinkunft mit ihr sucht«.

Die sich in nicht immer klaren Grenzen gegen Berlusconi formierende Unternehmer-Gruppe bestand neben FIAT aus weiteren norditalienischen Industriellen, Großbanken Mittelitaliens, an ihrer Spitze der Monte dei Paschi di Siena, Finanzgesellschaften wie Unipol, dem in der Emilia ansässigen wirtschaftsstarken und auch große Wählergruppen beeinflussenden Genossenschaftswesen (einst eine Domäne der IKP), aber auch aus neuen Unternehmerschichten im Süden. In dieser Gruppe liebäugelten viele mit dem PD, auch die große Stahlunternehmerin Emma Marcegaglia, mit der 2008 erstmals eine Frau Präsidentin der Confindustria geworden war.

Obwohl Berlusconi keinen Rückhalt mehr unter den wichtigsten Industrie- und Bankkreisen hatte, zögerten diese, den Mediendiktator fallen zu lassen. Neben den Bedenken, ob Fini sich als Nachfolger werde durchsetzen können (die sich später bestätigten), wurde befürchtet, die Linke werde das als ihren Erfolg verbuchen und Auftrieb für die Auseinandersetzungen um die »Nach-Berlusconi-Zeit« erhalten.

FIAT-Präsident Montezemolo spricht Machtwort | Nachdem sich am 11. Juli 2011 eine Krisensitzung in Brüssel mit der Lage in Italien befasste und eine Herabstufung der Kreditwürdigkeit drohte, wuchsen die Sorgen, Rom könnte wie Athen schon bald am Tropf der »Hilfe« der EU hängen. FIAT-Präsident und Agnelli-Erbe Luca Cordero di Montezemolo gab Berlusconi »die Schuld am Bankrott« des Landes und der »beispiellosen Staatskrise«. Im Mailänder *Espresso* und in der *La Repubblica* war zu lesen, dass der Regierungschef »die persönlichen Interessen über die des Staates« stellt und »das Ansehen des Landes in Europa beschädigt«.

Nachdem Berlusconi ein gigantisches neues Sparprogramm von zunächst 70, dann 100 Mrd. Euro mit immensen sozialen Kürzungen verabschiedet hatte, kündigten die Gewerkschaften einen Generalstreik an.[49] Als Kardinalstaatssekretär Tarcisio Bertone mit deutlichem Bezug auf die Sex-Orgien des Premiers dann sagte, die Kirche ermutige all jene, die in Verwaltung, Politik oder Justiz Verantwortung tragen, »für eine stärkere Moral sowie für Gerechtigkeit und Legalität« einzutreten, wurde sichtbar, dass auch die Kurie Berlusconi fallen ließ. Dann stimmten bei einem Referendum über 90 Prozent für die Aufhebung der »Lex Berlusconi«. Es folgten ein Generalstreik im September und danach anhaltende Massendemonstrationen mit nicht mehr zu überhörenden Rufen auf der Straße nach

49 Liberazione, 20. Aug. 2011

dem Rücktritt des korrupten Regierungschefs.[50] In Meinungsumfragen sank der Medientycoon, der immer geprahlt hatte, vom Volk gewählt und geliebt zu sein, auf eine Zustimmungsrate von 22 Prozent ab. Unter diesem Druck trat Berlusconi am 12. November 2011 als Ministerpräsident zurück.

12.
Die Neuformierung der »politischen Klasse«

Nach dem Rücktritt Berlusconis befand sich Mitte-Links im Auftrieb. Bei vorgezogenen Parlamentswahlen wäre es möglich gewesen, Berlusconi eine Niederlage zu bereiten. Staatspräsident Napolitano beauftragte stattdessen den früheren EU-Kommissar und Wirtschaftsprofessor Mario Monti mit der Bildung einer Übergangsregierung der sogenannten »nationalen Einheit« aus allen Parteien, die bis zum Ende der Legislaturperiode 2013 amtieren sollte. Die Forderung von PRC und PdCI, der SEL und IdV und auch aus dem PD nach vorgezogenen Neuwahlen wies er zurück.

Übergangspremier Monti | Monti wurde in Brüssel als Garant des rigorosen EU-Sparkurses begrüßt. Das Übergangskabinett erhielt die Unterstützung auch des PdL Berlusconis. Monti gebot zwar der wüsten antikommunistischen Hetze seines Vorgängers Einhalt, setzte aber den von Berlin und Brüssel verordneten Kürzungskurs ohne nennenswerte Abstriche fort. Fini versuchte gegen ein Mitte-Links-Bündnis mit dem PD an der Spitze, mit seiner FeL und der CDU eine »große nationale Bürgerliste« zu formieren, die di Montezemolo zunächst persönlich unterstützte. Es gab jedoch berechtigte Zweifel, die beiden seit 1994 an

50 Ebd., 13. Nov. 2011

drei Regierungen des Mediendiktators beteiligten Politiker, die in letzter Minute das sinkende Schiff verlassen hatten, könnten keine tragfähige Anhängerschaft finden. Deshalb wurde Monti für eine Kandidatur gewonnen, der dazu eine eigene Liste bildete. Ex-Premier Berlusconi kandidierte zwar nicht selbst, aber sein PdL trat im Wahlbündnis mit der Lega Nord an. Wie Fini versuchte nun auch Berlusconi das Odium seiner faschistoiden Vergangenheit loszuwerden, und erklärte allen Ernstes, er stehe mit seinem PdL für eine moderate Rechte. Auch die Lega Nord, deren Chef Umberto Bossi nach einem Korruptionsskandal zurücktreten musste, distanzierte sich plötzlich vom Rassismus. Ihr neuer Vorsitzender, Roberto Maroni, der als Innenminister unter Berlusconi Einwanderer in Lager sperren und das Feuer auf Flüchtlingsboote eröffnen wollte, versprach jetzt, sich für eine bessere Integration der Migranten einzusetzen.

Der PD trat mit seinem Vorsitzenden Pier Luigi Bersani zusammen mit der SEL an. PRC und PdCI bildeten mit der IdV Di Pietros und anderen kleinen Mitte-Links-Gruppen unter dem Namen Rivoluzione Civile eine Wahlkoalition.

Die Protestbewegung M5S | Zu den Parlamentswahlen 2013 trat erstmals das am 4. Oktober 2009 von dem Starkomiker Beppe Grillo gegründete Movimento Cinque Stelle (M5S) an. Der 1948 geborene Grillo war ein mit mehreren Preisen ausgezeichneter Schauspieler, der als Satiriker und Komiker eine brillante Karriere vorzuweisen hatte. Eine Zeit lang moderierte er die TV-Show »Grillometro«. Zu M5S-Themen zählten Meinungsfreiheit und Korruption, Wasserversorgung, Energiepolitik, Bildung und Gesundheitswesen. Er polemisierte gegen verschärfte Ausbeutung und wachsende Arbeitslosigkeit, gegen Wahlkampfkostenerstattung und forderte Diätenkürzungen. Grillo, der das kapitalistische System nicht grundsätzlich ablehnte, agierte unter dem Slogan »Vaffanculo«, den man ins Deutsche mit dem »Götz-von-Berlichingen-Zitat« übersetzt.

Mit einer 2009 begonnenen und danach benannten V-Day-Kampagne stieg er zum erfolgreichsten Blogger Italiens auf. M5S zählte schon kurz nach der Gründung mehr als 50.000 Mitglieder. Seit den Wahlen 2012 stellte die Protestbewegung vier Bürgermeister, darunter in Parma, war in zahlreichen Parlamenten der Gemeinden und in Regionen – Piemont, Reggio Emilia und Sizilien – vertreten, wo sie mit Mitte-Links kooperierte, ohne in Regierungen einzutreten. Von typisch anarchistischen Zügen mitgeprägt, kritisierte M5S Auswüchse des herrschenden Systems mit einer Radikalität, die bei den Linken, einschließlich der Kommunisten, kaum noch anzutreffen war. Die rechtslastige Ausprägung der kleinbürgerlichen Protestbewegung zeigte sich in den engen Kontakten, die Grillo zum Chef der britischen UK Independence Party (UKIP), Nigel Paul Farage, unterhielt, mit dem er die Ablehnung der EU teilt. Mit Farage wollte er in Straßburg eine gemeinsame Fraktion bilden.

Patt bei den Parlamentswahlen 2013 | Die Parlamentswahlen am 24./25. Februar 2013 führten zu einem Patt zwischen Mitte-Links und dem rechten/rechtsextremen Lager. Die Koalition von PD und SEL erreichte im Parlament mit etwa 31 Prozent den ersten Platz und lag auch im Senat knapp vorn. Der PD profitierte in der Abgeordnetenkammer wieder vom Siegerbonus der 340 Sitze. Berlusconi gelang mit seinem PdL ein Comeback. M5S belegte mit 25,5 Prozent in beiden Kammern den dritten Platz. Mario Monti mit seiner Liste kam im Parlament nur auf 10,5 Prozent. Die CDU sackte von 6,7 Prozent 2008 auf 1,8 ab und Finis FeL sogar auf 0,5. Rivoluzione Civile, in der PRC und PdCI auf den Wiedereinzug ins Parlament gehofft hatten, blieb unter zwei Prozent.

PD-Chef Bersani scheiterte mit einer Regierungsbildung an der Ablehnung des M5S. Da im Mai 2013 auch die Neuwahl des Staatspräsidenten anstand, widmeten die Parteien sich zunächst dieser Abstimmung. Nachdem auch hier zunächst mehrere Kandidaten von Mitte-Links keine Mehrheit erzielten, erklärte sich der 88-jährige Napolitano zu einer erneuten Kandidatur bereit. Laut der Nachrichtenagentur *ANSA* vom 20. April wurde seine Wiederwahl bei einem Treffen zwischen ihm, Berlusconi, Übergangspremier Monti und dem PD-Vorsitzenden Bersani entschieden. Napolitano wurde dann mit einer Zweidrittelmehrheit im Amt bestätigt. Danach beauftragte er den Vizechef des PD, Enrico Letta, mit der Regierungsbildung.

Der 46-jährige Letta war 2007 von der Margherita-Partei zum PD gekommen. Für die Koalition, die der PD jetzt mit dem PdL einging, schien er geeignet, weil sein Onkel, Gianni Letta, zu den engsten Gefolgsleuten Berlusconis im PdL zählte. Lettas Kabinett trat auch Monti bei. Berlusconi trat nicht ein, aber Angelino Alfano, zweiter Mann im PdL, wurde Vizepremier und gleichzeitig Innenminister. Von ihm wurde erwartet, dass er für eine Einstellung der gegen Berlusconi laufenden Strafprozesse sorgen werde. Napolitano nannte die neue Exekutive die »einzig mögliche Lösung« und behauptete, mit ihr sei »ein Zeichen der Einheit« gesetzt worden. SEL-Vorsitzender Vendola kündigte entschiedene Opposition gegen die Koalition des PD mit der extremen Rechten an.

Da Berlusconi sich den Strafermittlungen nicht mehr mit der »Lex Berlusconi« entziehen konnte, verurteilte ein Mailänder Gericht ihn in zweiter Instanz wegen Steuerbetrugs, begangen während seiner Zeit als Premier, zu vier Jahren Gefängnis sowie zur Zahlung von zehn Millionen Euro an die Staatskasse. Bereits im Juni 2013 wurde er in erster Instanz noch wegen Beischlafs mit einer minderjährigen Prostituierten und Amtsmissbrauchs zu sieben Jahren Haft verurteilt. In Neapel wurde gegen ihn wegen Bestechung eines Senators der IdV ermittelt, den er für einen Wechsel zu seinem PdL drei Millionen Euro gezahlt haben sollte.

Matteo Renzi wird PD- und Regierungschef | Im Dezember 2013 wurde der 38-jährige Matteo Renzi zum Sekretär des PD gewählt. In nach US-amerikanischem Vorbild veranstalteten Primarie (Vorwahlen), an denen alle Bürger ab 16 Jahren teilnehmen konnten, hatten 67,8 Prozent der rund 2,9 Millionen Wähler für ihn gestimmt. Renzi hatte in der Zentrumspartei Margherita 2007 den Zusammenschluss mit den Linksdemokraten mitgemacht und 2009 die Wahl zum Bürgermeister von Florenz gewonnen. Im Vorfeld des Parteitages hatte er erklärt, die 1991 aus der IKP in den PDS gekommene alte Funktionärsgarde zu verschrotten, was ihm den Beinamen »Rottamatore« (Verschrotter) einbrachte. Mit Renzi erfolgte dann ein Generationswechsel. Er besetzte sein Sekretariat mit fünf Männern und sieben Frauen, die im Durchschnitt 35 Jahre zählten.

Berlusconi nannte seinen PdL wieder in »Forza Italia« um. Die Fraktion von Vizepremier Alfano lehnte die Rückkehr zur FI als einer »extremistischen Partei« ab und wollte den PdL stattdessen auf einen »gemäßigten« Kurs bringen. Nachdem das Urteil wegen Steuerhinterziehung gegen ihn am 1. August 2013 in letzter Instanz bestätigt wurde und danach das Verfahren begann, das zu seinem Ausschluss aus dem Senat führte, wollte der Ex-Premier im Oktober Letta durch ein Misstrauensvotum im Senat stürzen. Er scheiterte jedoch, da seine Minister nicht zurücktraten und Alfano mit den PdL-Senatoren für Letta stimmte, der damit bestätigt wurde. Alfano verließ danach mit seinen Anhängern die FI und gründete eine Partei Nuovo Centro Destra – NCD (Neue Rechte Mitte). Der Name sollte darüber hinwegtäuschen, dass es sich beim NCD weiterhin um eine am äußersten rechten Rand stehende und rechtsextrem ausgerichtete Partei handelte.

Renzi setzte im Februar 2014 im PD-Vorstand mit der Begründung, Letta sei nicht in der Lage, die erforderlichen »Reformen« auf dem Arbeitsmarkt und zur Überwindung der anhaltenden Rezession durchzusetzen, dessen Rücktritt durch. Es gab danach scharfe Kritik, auch im PD. *La Repubblica* nannte ihn einen »Karrieristen ohne Skrupel« und warnte vor einer Spaltung der Partei. Der Führer der linken Minderheit, Guiseppe Civati, kündigte an, mit seinen Anhängern den PD zu verlassen. Da der PD im Senat keine Mehrheit besaß, hatte Renzi sich mit dem nun rechtskräftig zu einer Gefängnisstrafe verurteilten und aus dem Senat ausgeschlossenen Berlusconi abgesprochen und sich der Zustimmung der FI versichert. Damit habe er, wie die linke *Unità* am 16. Februar kommentierte, Berlusconi »politisch rehabilitiert«.

Renzis Kabinett zählte mit 16 Mitgliedern fünf weniger und bestand zur Hälfte aus Frauen. Der PD belegte neun Ressorts, drei wie bisher das NCD Alfanos, der jedoch nicht mehr Vizepremier wurde, da Renzi den Posten abschaffte. Einen Minister stellte Monti, einen die CDU. Die Schlüsselressorts für Wirtschaft/Finanzen und Wirtschaftsentwicklung besetzten parteilose Fachleute. Renzi wurde mit 39 Jahren jüngster Premier Europas, zwei Ministerinnen waren 33 und 35 Jahre jung. Er stand vor der Aufgabe, die seit Jahren anhaltende Rezession zu stoppen. In der drittgrößten Wirtschaft der EU herrschte Stillstand oder sogar Rückgang. Das BIP war seit 2007 um neun Prozent gesunken, die Industrieproduktion um 25 Prozent. Die Staatsschulden waren auf das gewaltige Ausmaß von 2.100 Mrd. Euro angewachsen und betrugen damit 130 Prozent des BIP.

Senat als zweite Kammer abschaffen | Als ersten Schritt einer Verwaltungsreform, die grundlegend das politische System verändern und dabei Milliardenausgaben einsparen sollte, beschloss Renzi, die 170 Provinzen mit 56.000 Mitarbeitern der Verwaltungen, die jährlich 8,6 Mrd. Euro kosteten, abzuschaffen. Er senkte Ministerbezüge und Spitzengehälter im öffentlichen Dienst. Die Aufgaben der Provinzen übernahmen die Regionen (Länder) sowie die Städte und Gemeinden.

Danach plante er, den Senat als zweite Parlamentskammer abzuschaffen. Das 1946 bei der Proklamation der Republik in modifizierter Form übernommene Oberhaus hatte nach der Abgeordnetenkammer nicht nur Gesetzen zuzustimmen, sondern auch über das Schicksal der Regierung in Vertrauens- bzw. Misstrauensvoten zu entscheiden. Mit der Auflösung wollte Renzi sich bzw. den PD auch von der aktuell bestehenden Abhängigkeit – sowohl von FI als auch M5S – befreien. Der Senat sollte jedoch nicht ganz verschwinden, sondern an seine Stelle – ähnlich dem deutschen Bundesrat – ein »Autonomer Senat« mit nur noch 100 statt bisher 315 Mitgliedern treten. Diese sollten nicht gewählt, sondern aus Vertretern der Regionen und der Bürgermeister großer Städte sowie den ehemaligen Präsidenten der Republik und Senatoren auf Lebenszeit gestellt werden, die keine Diäten mehr erhielten, denen aber weiter der Titel eines Senators zustehen sollte. Dieser Senat sollte vom Parlament verabschiedeten verfassungsrechtlichen Gesetzen zustimmen bzw. sie ablehnen und sich zu legislativen Fragen äußern können.

Als nächstes setzte Renzi ein neues Wahlgesetz, das so genannte Italicum durch. Es blieb im Wesentlichen das alte aus Berlusconis Zeiten. Es bestätigte den Siegerbonus von 340 der 630 Sitze in der Abgeordnetenkammer, für den nunmehr allerdings 40 Prozent der Stimmen erforderlich sein sollten. Bei Nichterreichen wurde eine Stichwahl festgelegt. Die Parteien durften keine Koalitionen mehr schließen. Die Sperrklausel wurde auf drei Prozent herabgesetzt.

PD erste Partei | Bei den EU-Wahlen im Mai 2014 wurde der PD mit 40,8 Prozent stärkste Partei. Die FI erlitt mit 16,8 Prozent eine schwere Schlappe. M5S erhielt ca. 21 Prozent. Das NCD erreichte im Bündnis mit der CDU knapp 4,4 Prozent. Da die rassistische Lega Nord etwa 6 und die Fratelli d'Italia – FdI (Brüder Italiens), ein Nachfolger der faschistischen AN, 3,7

Prozent erreichten, zählte das rechtsextreme Lager mit der FI trotz Spaltung noch immer etwa 27 Prozent.

Renzi hatte vor der Wahl die Militärausgaben gesenkt, auf den Milliarden Euro verschlingenden Abfangjäger F35 verzichtet, was dem PD wieder die Stimmen der wählerstarken Friedensbewegung einbrachte. Dass er Steuersenkungen für Geringverdienende beschloss, die etwa zehn Millionen Beschäftigten monatlich 80 Euro mehr in die Lohntüte bringen sollten, sicherte ihm auch viele Wählerstimmen. Nach der Aufdeckung einer »Nationalsozialistischen Arbeiterbewegung« durch die Mailänder Staatsanwaltschaft sprach er auf seinen Wahlkundgebungen die Verherrlichung Hitlers und Mussolinis an und warnte, dass Berlusconi mit solchen Leuten Mussolinis »Marsch auf Rom« wiederholen wolle. Er appellierte, Berlusconi und seiner FI eine Niederlage zu bereiten, was ihm auch die meisten Stimmen der Antifaschisten sicherte. Das Kapital reagierte auf Renzis Wahlsieg, wie *ANSA* am 25. Mai meldete, mit einem Ansteigen der Kurse an der Mailänder Börse um 3,61 Prozentpunkte. Eine Bestätigung, dass er als der neue Mann angekommen war.

Ein im Dezember 2014 aufgedeckter Mafiaskandal zeigte ein weiteres Mal, wie tief der Ex-Premier in das Geflecht von Mafia und Faschisten verstrickt war. 2005 war sein Vize in der Fininvest-Leitung, Marcello dell'Ultri, in erster Instanz wegen »Vertretung der Mafia-Interessen in Mailänder Unternehmerkreisen« zu neun Jahren Gefängnis verurteilt worden. Dabei kam auch zur Sprache, dass die Mafia für Berlusconi den Personenschutz stellte. In dessen Villa Arcore in Mailand war, als Stallknecht getarnt, ein Mafia-Boss untergebracht. In dem jetzt ausgehobenen Sumpf war Giovanni Alemanno, der engste Vertraute Berlusconis aus der AN, Minister in seiner Regierung und danach von 2008 bis 2013 auf der Liste des PdL zum Bürgermeister von Rom gewählt, die Schlüsselfigur einer von Mafiosi mit Faschisten gebildeten kriminellen Vereinigung. Ermittlungen der Staatsanwaltschaft belegten, dass ihr Berufsverbrecher,

Politiker und Unternehmer angehörten, die ein weitverzweigtes Kartell unterhielten, das illegale Kreditvergabe, Geldwäsche und Korruption betrieb. Mit dem ebenfalls festgenommenen Clanchef Massimo Carminati reichten die Spuren bis in die Zeit der Spannungsstrategie der CIA zurück. Denn Carminati war in den 70er und 80er Jahren Führer der pseudorevolutionär getarnten faschistischen »Nuclei Armati Rivoluzionari« (NAR), die Dutzende Morde verübt hatte. Die NAR waren u. a. an dem Bombenanschlag auf den Bahnhof von Bologna (80 Tote, Hunderte Schwerverletzte) beteiligt. Später gehörte Carminati der berüchtigten »Magliana-Bande« der römischen Mafia an, die sowohl mit der CIA und italienischen Geheimdienstkreisen als auch dem Vatikan vernetzt und in das Komplott zur Ermordung Moros einbezogen war. Nicht zum ersten Mal wurde ersichtlich, dass die jetzigen Erfolge gegen die Mafia möglich wurden, weil die Verbrecherorganisation ganz offensichtlich mit Berlusconis Fall ihren Schutzpatron verloren hatte.

Am 1. Juli 2014 trat Renzi turnusmäßig die EU-Ratspräsidentschaft an, was er weidlich nutzte, um Italiens Führungsanspruch zu formulieren, mit ihm als Regierungschef an der Spitze. Gestützt auf seinen Erfolg bei den EU-Wahlen setzte er die Berufung seiner Außenministerin Federica Mogherini zur EU-Außenbeauftragten durch, die gleichzeitig Stellvertreterin des konservativen luxemburgischen Kommissionspräsidenten Jean-Claude Juncker wurde.

Generalstreik gegen Renzi | Im Dezember setzte Renzi das Dekret über den »Jobs Act«, euphemistisch als Arbeitsmarktreform bezeichnet, durch. Damit wurde faktisch der Artikel 18 des Arbeitsgesetzes aufgehoben, der bis dahin weitgehend einen Kündigungsschutz garantierte, zahlreiche Arbeiterrechte in den Betrieben wurden annulliert oder eingeschränkt, es wurde ermöglicht, die Tarifverträge auszuhebeln, Minijobs nach deutschem Vorbild einzuführen und zahlreiche Arbeiterrechte in den Betrieben aufzuheben oder einzuschränken. Für neue Arbeitsverträge konnte eine dreijährige Probezeit festgelegt werden. Die Medien schrieben, Renzi verwirkliche, was Berlusconi nicht geschafft habe.

Nachdem in Arbeitskämpfen lange Ruhe geherrscht hatte, setzten diese im Vorfeld der Verabschiedung des »Jobs Act« und eines »Stabilitätsgesetzes« mit einem milliardenschweren Sparpaket wieder ein. Im Juli 2014 hatte das Amt für Statistik ISTAT berichtet, dass zehn Millionen Italiener (17 Prozent der Bevölkerung) in bitterster Armut lebten. 7,9 Millionen davon wurden als »absolut arm« eingeschätzt. Im Süden wurden 26 Prozent als »relativ« und 12,6 Prozent als »absolut arm« bezeichnet. ISTAT zufolge hatte sich im gleichen Zeitraum die Zahl der ärmsten Kinder von 723.000 auf 1,434 Millionen verdoppelt. Mitte Oktober 2014 ging aus einem Bericht des Instituts für Sozialfürsorge (INPS) hervor, dass die Hälfte der 13,6 Millionen Rentner mit weniger als 1.000 Euro auskommen musste. 52 Prozent von ihnen waren Frauen. 2,1 Millionen vegetierten mit Altersbezügen unter 500 Euro dahin. Aber auch diese Grenzen wurden unterschritten, beispielsweise in Neapel, wo Tausende mit 272 Euro monatlich, wie es in dem INPS-Bericht hieß, »mit einer Hungerpension auskommen« mussten. Am 24. Oktober 2014 streikten Millionen Beschäftigte im Transport- und Verkehrswesen sowie Schüler und Lehrer, die laut *ANSA* das öffentliche Leben und den Schulbetrieb weitgehend lahmlegten. Am nächsten Tag (einem Sonnabend) folgten einem Aufruf der CGIL in Rom weit über eine Million Beschäftigte aus Wirtschaft und Verwaltung sowie Schüler und Studenten, Rentner und Arbeitslose und demonstrierten gegen die unsoziale Politik Renzis.

Eine Partei der Nation | Renzi wollte den Namen des PD in »Partei der Nation« abändern, was darauf zielte, endgültig ihre teilweise Herkunft aus der Linkspartei zu leugnen und sie in eine »Partei für alle« umzuwandeln. Damit ging vor sich, was di

Montezemolo nach dem Sturz Berlusconis gefordert hatte: Eine »Erneuerung der politischen Klasse Italiens«. Der PD war auf dem Weg, die Partei zu werden, in der die führenden Kapitalkreise ihren besseren Interessenvertreter sahen. Symptomatisch dafür war ein Treffen Renzis mit Confindustria-Präsident Giorgio Squinzi am 3. November 2014, in dem der Premier den Unternehmern versicherte, er werde vor den Gewerkschaften »keinen Schritt zurückweichen«, sein »Stabilitätsgesetz« werde »kein Gegenstand von Verhandlungen mit den Gewerkschaften sein« und er werde sich »auch im PD nicht aufhalten lassen«. Squinzi dankte dem Premier herzlich und versicherte, dass die Unternehmer »mit ihm sind«.

Eine neue Linkspartei | Der autoritäre Regierungskurs stieß auf starken Widerstand an der Basis des PD, der viele Mitglieder verlor. Zu den Kritikern gehörten die zwei früheren Ministerpräsidenten, der Exkommunist Massimo D'Alema und der frühere Christdemokrat und ehemalige EU-Kommissionspräsident Romano Prodi. Unter seinen Regierungen seien, so Prodi in *La Repubblica*, noch seriöse Wirtschaftsanalysen erstellt worden, während der heutige Premier seine Analysen nur noch per Twitter verbreite. Anfang Juli 2015 trafen rund 2.000 PD-Linke, Vertreter der SEL, des M5S und des PRC zusammen, um die Bildung einer neuen Linkspartei, der Sinistra Italiana (SI), zu beraten. Unter ihnen befanden sich der frühere Chef der Gewerkschaft CGIL, Sergio Cofferati, SEL-Vorsitzender Vendola und der ehemalige Vizepremier Renzis und Staatssekretär im Wirtschaftsministerium Stefano Fassina. Die Versammelten konstituierten eine Parlaments- und Senatsfraktion. Dass Luigi Bersani, vor Renzi PD-Sekretär, sich mit einem Appell zur Einheit gegen die Neugründung aussprach, bewirkte wohl, dass das Projekt, angesichts der im Juni 2016 anstehenden Kommunal- und Bürgermeisterwahlen, dann auf Dezember 2016 verschoben wurde, um Wahlbündnisse nicht zu belasten.

Moro-Anhänger wird Staatspräsident | Am 14. Januar 2015 trat Staatspräsident Giorgio Napolitano vor Ablauf seines Mandats 2020 zurück. Dem »Pakt von Nazareno« entsprechend, wollte Renzi mit Berlusconi gemeinsam einen Kandidaten benennen. Da der Ex-Premier für die Zustimmung verlangte, dieser müsse nach der Wahl das gegen ihn verhängte Ämterverbot aufheben, scheiterte eine Einigung. Renzi nominierte nun als Bewerber den 73-jährigen Sizilianer Sergio Mattarella, den Berlusconi wütend ablehnte. Mattarella, der dann erst im vierten Wahlgang gewählt wurde, erhielt 665 der 1009 Stimmen. Er ist der Bruder des im Januar 1980 ermordeten Piersanti Mattarella, der 1978 nach dem Mord an Aldo Moro an einem Bündnis mit der IKP in der Regionalregierung auf Sizilien festgehalten hatte und deshalb dasselbe Schicksal erlitt. Er war fünfmal Minister, darunter 1998/99 unter dem Ex-Kommunisten Massimo D'Alema Vize-Premier. 1990 stimmte er gegen das Gesetz, das das Fernsehmonopol Berlusconis legalisierte und trat als Minister zurück. Seit 2011 Mitglied des Obersten Verfassungsgerichts, trat er wiederholt den kriminellen Machenschaften Berlusconis entgegen. Der Mailänder *Corriere della Sera* schrieb, mit Sergio Mattarella sei der »letzte Moroteo« Staatschef geworden. *La Repubblica* nannte ihn einen Garanten, der dieses »politische Erbe fortsetzt«. Nach seiner Wahl appellierte er, Europa sollte geschlossen den Kräften entgegentreten, die versuchten, es »in eine neue Zeit des Terrors hineinzutreiben«.

Die Wahl Mattarellas war eine schwere Niederlage für Berlusconi, dem es nicht gelungen war, das rechte/rechtsextreme Lager zu einen. Sowohl die FI als auch die Lega Nord hatten mit eigenen Kandidaten weniger oder kaum mehr als 100 Stimmen erhalten. Alfano hielt sich nicht an den Appell seines früheren Parteichefs Berlusconi und gab seinem NCD Order, für Mattarella zu stimmen. Umfragen sagten der FI danach ein Absinken von den 29 Prozent im Jahr 2013 auf unter 16 Prozent voraus.

Nach der Wahl eines Antifaschisten zum Staatspräsidenten versammelten sich in Rom Zehntausende Anhänger der Lega Nord, der CasaPound und der aus der AN hervorgegangenen Fratelli d'Italia zu einem gespenstischen Aufmarsch. Unter Mussolini-Bildern und keltischen Kreuzen verkündete Matteo Salvini, der neue Lega-Chef, der an Stelle Berlusconis die Führung des rechtsextremen Lages übernommen hatte: Hier in Rom starten wir »zur Eroberung des Landes und werden Renzi nach Hause schicken«. In seiner von Ausländerhass triefenden Rede verlangte er, Bootsflüchtlinge »einfach auf hoher See in ihren Booten sitzen zu lassen«. In Italien dürfe es für keinen einzigen Immigranten mehr einen Platz geben.

Im Clinch mit der EU | Im Dezember 2015 legte sich Renzi wieder einmal mit der EU an. Auf dem EU-Gipfel in Brüssel forderte er, wie die Londoner *Financial Times* berichtete, es müsse »Schluss mit einem Europa unter deutscher Führung« sein. Gegenüber Russland hatte Rom von Anfang abgelehnt, der von den USA vorgegebenen harten Linie zu folgen. Im März 2015 hatte Renzi Putin besucht, ohne mit einem Wort den Anschluss der Krim zu verurteilen. Im Juni folgte Putin einer Einladung zur Eröffnung der Mailänder Weltausstellung (Expo), auf der ein »Tag für Russland« stattfand. *La Repubblica* betonte am 11. Juni, dass »das traditionell enge Verhältnis« trotz »der Ukraine-Krise fortbestehe«. Nach den Gesprächen mit Renzi wurde der verfemte Putin in Rom auch noch von Staatschef Mattarella empfangen.

Während eines von Italien im Dezember 2015 initiierten Libyen-Gipfels in Rom kritisierte Renzi die Lösung von Konflikten durch Militäreinsätze und lehnte neue Beteiligungen ab. Der *Corriere della Sera* vom 13. Dezember zitierte ihn, dass das Eingreifen der NATO in Libyen ein Fehler gewesen sei. Der Vormarsch des selbsternannten Islamischen Staates (IS) in Libyen und der andauernde Bürgerkrieg seien die Folgen. Dann stellte sich Rom auch noch demonstrativ hinter die Pläne Großbritanniens für eine Reform der EU. Italien und das Vereinigte Königreich seien sich einig, dass eine tiefgreifende Reform der EU nötig sei, die ihre Funktionsweise, ihre Verfahren und ihre Regeln vereinfache, schrieben die beiden Außenminister Paolo Gentiloni und Philip Hammond in einem gemeinsamen Beitrag für den britischen *Daily Telegraph* vom 15. Dezember.

Renzi zieht Bilanz | Als Renzi am 22. Februar 2016 zwei Jahre im Amt war, konnte er, wie *La Repubblica* am nächsten Tag schrieb, in Anspruch nehmen, »Italien gestärkt und auf eine solide Basis gestellt« zu haben. Nach bescheidenem Wachstum 2015 wurde für 2016 eine Steigerung um 0,8 Prozent prognostiziert. Mit Zugeständnissen hielt er die Proteste der Gewerkschaften und der linken Minderheit im PD im Zaum. Nach der monatlichen Steuererleichterung von 80 Euro für Beschäftigte mit einem Einkommen unter 1.500 Euro sollte ab 2016 eine Million der Ärmsten ein Mindesteinkommen von 320 Euro erhalten. Die Immobiliensteuer auf die erste Wohnung, mit Ausnahme von Luxuswohnungen, hatte er abgeschafft. Das betraf drei Viertel der Bevölkerung mit Wohneigentum. Verzichtet wurde auf eine Erhöhung der Mehrwertsteuer von derzeit 22 Prozent. Im Haushalt für 2016 (Volumen 35 Milliarden Euro) waren 290 Millionen Euro vorgesehen, um jedem Volljährigen eine Kreditkarte mit einem Guthaben von 500 Euro für den Kauf von Büchern, für Theater- oder Museumsbesuche zu gewähren. Ab Oktober 2016 sollte jeder arbeitende Bürger einmal jährlich einen kostenlosen Theaterbesuch erhalten. Da fiel es kaum auf, dass die Unternehmer Steuererleichterungen bei Investitionen und der Schaffung von Arbeitsplätzen erhielten.

Am 11. Mai 2016 verabschiedete das Parlament mit 372 Ja- und 51 Neinstimmen bei 99 Enthaltungen ein Gesetz über die »Unioni civili« (zivile Partnerschaften). Der Senat hatte bereits im Februar zugestimmt. Das Gesetz wurde gegen den Widerstand der katholischen Kirche und der rechtsextremen Parteien durchgesetzt. Viele Bischöfe hatten zum Protest aufgerufen. Renzi nannte die Annahme »einen Feiertag für alle, die sich endlich anerkannt fühlen«. Kritik vom katholischen Flügel der eigenen Partei wies er zurück: »Ich bin Katholik, aber ich habe auf die Verfassung geschworen und nicht auf das Evangelium«, zitierte ihn *La Repubblica* am 12. Mai. Vor der Abstimmung hatte er mit 369 zu 193 Stimmen eine Vertrauensabstimmung überstanden und damit weitere Abänderungsanträge verhindert. Das Gesetz stellte homosexuelle und lesbische Paare weitgehend heterosexuellen Partnerschaften gleich. Ausgeklammert blieb das Adoptionsrecht, was heißt, die Partner können die leiblichen Kinder ihrer Lebensgefährten nicht adoptieren. Dass es keine völlige Gleichstellung mit der Ehe zwischen Mann und Frau gibt, zeigte sich auch daran, dass im Gesetz die Vokabeln »Ehe« und »Trauung« fehlten.

Bei den kommunalen und Bürgermeisterwahlen im Juni 2016 in 1.368 Städten und Gemeinden, darunter in sieben Hauptstädten der Regionen, erlitt der PD beim Ballotagio (der Stichwahl) am 19. Juni eine empfindliche Niederlage. In Rom erreichte Virginia Raggi von M5S mit 67,2 Prozent mehr als doppelt so viele Stimmen wie der PD-Bewerber. Erfolgreich war M5S mit 54,6 Prozent auch in der Industriemetropole Turin und in zwei weiteren Provinzhauptstädten. Die Ergebnisse zeigten, dass der kleinbürgerlichen Protestbewegung ein tiefer Einbruch in die Wählerschaft von Mitte-Links gelungen war. In Mailand konnte der PD in einem Mitte-Links-Bündnis mit 51,7 Prozent die gemeinsam angetretenen Forza Italia und die rassistische Lega Nord schlagen. Zu den Wahlen trat die Lega erstmals mit dem von Matteo Salvini durchgesetzten neuen Parteikonzept an, das den Verzicht auf die staatliche Abspaltung der reichen Regionen (Länder) Norditaliens und der nationalen Ausrichtung beinhaltete. Dementsprechend unterstützte sie in

Neapel den von FI und FdI aufgestellten Unternehmer Gianni Lettieri, der im ersten Wahlgang mit 40,8 Prozent nur knapp hinter dem von der SEL und anderen Linken unterstützten Luigi De Magistris lag, der auf 41,7 Prozent kam. Im Ballotagio erreichte De Magistris mit PD-Stimmen dann 66,5 Prozent, Lettieri fiel auf 33,1 ab.

In der roten Hochburg Bologna und weiteren acht Großstädten stellte Mitte-Links die Stadtoberhäupter, während zehn Städte an die FI oder Lega Nord fielen. Zur Stichwahl hatte Lega-Führer Salvini aufgerufen, die M5S-Bewerber dort zu unterstützen, wo die eigenen Kandidaten nicht in die Stichwahl der zwei Bestplatzierten kamen. Fünf-Sterne-Chef Beppe Grillo war dem nicht entgegengetreten, sondern hatte mit der Erklärung, seine Wähler sollten selbst entscheiden, diese unheilvolle Koalition mit Faschisten und Lega-Rassisten befördert. So gelang es der 37-jährigen Rechtsanwältin Virginia Raggi in Rom mit den 20 Prozent der Stimmen der faschistischen Fratelli d'Italia, den Bewerber des PD zu schlagen.

Der Stern von M5S versank schon bald im Dunkeln. Im Wahlkampf hatte die M5S-Kandidatin versprochen, so gut wie alles, was in der Hauptstadt nicht funktioniert, zu ändern: Sie wollte eine effiziente Verwaltung herstellen, mit der Korruption aufräumen, die vom Müll stinkende Stadt säubern und Ordnung ins Verkehrschaos bringen. Nach ihrer Amtsübernahme gelang es ihr bisher jedoch nicht, wie *La Repubblica* am 18. Dezember 2016 schrieb, »etwas zum Positiven zu verändern«. Ihr Haushaltsstadtrat und ihre Kabinettschefin waren gleich zu Beginn ihrer Amtsperiode zurückgetreten. Der von ihr eingesetzte Chef der Müllabfuhr und zwei Leiter der städtischen Verkehrsbetriebe ATAC nahmen aus Protest gegen Raggis »Dilettantismus« ihren Hut. Bei den Ermittlungen der Staatsanwaltschaft wurde ihre Assessorin für Umweltschutz, Paola Muraro, beschuldigt, in organisierte Verbrechen bei der Müllentsorgung verwickelt zu sein und Kontakte zur Schlüsselfigur des aufgedeckten Verbrecherkartells »Mafia Capitale«, einen Salvatore Buzzi, unterhalten zu haben. Raggi hatte die Ermittlungen zunächst vertuscht. Dann kam ans Licht, dass die M5S-Bürgermeisterin in ihrer Biografie ihr Jura-Praktikum in der Anwaltskanzlei von Cesare Previti, einem früheren Minister Berlusconis und Mitglied der berüchtigten faschistischen Putschloge P2, verschwiegen hatte. Previti war 2006 wegen Richter-Bestechung rechtskräftig zu sechs Jahren Haft verurteilt worden, die der Siebzigjährige jedoch in Hausarrest verbringen durfte. Ins rechtsextreme Rampenlicht geriet Raggi auch, als sie einen gewissen Raffaele Marra als Vize ihres Kabinetts übernahm. Der bekleidete dieses Amt schon unter dem faschistischen Bürgermeister Giovanni Alemanno von der Alleanza Nazionale – AN (2008-2013). Er stand als Mitglied der »Mafia Capitale« vor Gericht. Der wegen dieser Affären von der M5S-Leitung zurückgetretene Roberto Lombardi äußerte, Raggi habe sich »mit zwielichtigen Gestalten eingelassen«. Grillo gelang es nur mit Mühe, Forderungen nach einem Rücktritt, selbst aus der eigenen Partei, zurückzudrängen, da ein schwerer Imageschaden mit sinkenden Chancen bei möglichen vorgezogenen Parlamentswahlen befürchtet wurde.

Im Sommer 2016 erschütterte ein schweres Erdbeben mehrere Berggemeinden des Apennin in den Regionen Latium, Umbrien und Marken, das 298 Tote und mehrere Tausend Verletzte forderte. 231 Opfer davon stammten aus Amatrice (Provinz Rieti), dem Epizentrum des Bebens, das nach der Magnitudenskala bis 6,2 Punkte erreichte. Premier Renzi wurde in Medien, so von *La Repubblica* »umsichtiges Handeln« bescheinigt, das sich vorteilhaft von dem vergangener Regierungen unterscheide. Er übernahm selbst die Leitung aller Regierungsmaßnahmen, bewilligte sofort als erstes zwei bis drei Milliarden Euro Wiederaufbauhilfe und ordnete an, die in Zelten hausenden Obdachlosen binnen eines Monats in stabilen Holzbungalows unterzubringen. Mit der Leitung des Wiederaufbaus beauftragte er den als »Meister der Bautechnik« international bekannten Architekten und Senator auf Lebenszeit, Renzo Piano, dessen letztes Projekt 2012 der mit 310 Metern höchste Wolkenkratzer Europas, »The Shard« in London, war.

Nun war das Gebiet um L'Aquila schon sieben Jahre vorher von einem schweren Erdbeben heimgesucht worden. Beim damaligen Wiederaufbau war es, wie die Staatsanwaltschaften von Rieti und Ascoli Piceno nun ermittelten, zum »Pfusch am Bau« und zur »Nichteinhaltung von Bau- und antiseismischen Vorschriften« gekommen, was jetzt zum Einsturz von angeblich erdbebensicheren Gebäuden geführt und den Tod zahlreicher Menschen verursacht habe. »Was da passiert ist, kann nicht nur als Unglück gesehen werden«, zitierte *La Repubblica* Staatsanwalt Giuseppe Saieva. Bei einigen der zerstörten Häuser sei »mehr mit Sand als mit Zement« gebaut worden. Damit rückte das Scheitern der letzten Regierung von Berlusconi (2008-2011) bei der Bewältigung der Folgen des Erdbebens in den Blickpunkt. Es wurde daran erinnert, dass die Regierung des Ex-Premiers, der selbst immer wieder der Komplizenschaft mit der Mafia verdächtigt worden war, beschuldigt wurde, geduldet oder nicht verhindert zu haben, dass staatliche Hilfsgelder in Kassen der Mafia flossen.

Niederlage und Rücktritt Renzis | Am 4. Dezember 2016 ging die Amtszeit von Premier Renzi nach knapp 1.000 Tagen »vorerst«, wie Medien meinten, zu Ende. In dem an diesem Tag anberaumten Referendum über die von ihm geplante Reform des Senats und seine Abschaffung als zweiter Parlamentskammer erlitt er eine Niederlage und gab danach seinen Rücktritt bekannt. *La Repubblica* zitierte ihn am Tag danach mit der Aussage, er übernehme »persönlich die volle Verantwortung«. Von den etwas über 46,7 Millionen Wahlberechtigten hatten 68,5 Prozent in einem der 61.551 Wahllokale in den 7.998 Städten und Gemeinden ihre Stimme abgegeben. 59,1 Prozent hatten mit »No« gestimmt. Anders als vor der Abstimmung prophezeit, reagierten die Aktienmärkte relativ gelassen. An der Mailänder Börse sanken die Kurse um 1,8 Punkte, und der Wert des Euro fiel um rund ein Prozent. Von einem »Italexit«, einem drohenden Austritt aus der Euro-Zone, war in den Medien keine Rede.

Wie üblich, bat Staatspräsident Mattarella Renzi, dem dieser am 5. Dezember seine Demission offiziell mitteilte, bis zur Klärung der künftigen Zusammensetzung der Regierung die Amtsgeschäfte weiter auszuüben. Das Angebot, im Amt zu bleiben und sich einer Vertrauensabstimmung zu stellen, lehnte Renzi ab.

Ein Teil der »Nein«-Stimmen kam aus dem rechtsextremen Lager – von der Forza Italia des Ex-Premiers Berlusconi, von der rassistischen Lega Nord und den faschistischen Fratelli d'Italia. Bis auf Berlusconis Partei forderte die extreme Rechte vorgezogene Parlamentswahlen vor dem Ende der Legislaturperiode im Frühjahr 2018. Berlusconi, der Renzi bei einem Verbleiben im Amt die Unterstützung seiner FI angeboten hatte, spekulierte nun, der Staatspräsident werde eine Übergangsregierung einsetzen, in die er seine FI einbringen wollte. Sein Hausblatt *Il Giornale* frohlockte schon, er feiere »eine siegreiche Rückkehr« auf die politische Bühne. Für ein »No« hatte sich außerdem auch Movimento 5 Sterne (M5S) ausgesprochen.

Auch ein Großteil der Linken in und außerhalb von Renzis sozialdemokratischem Partito Democratico hatte ebenfalls mit Nein gestimmt. Sie wollten damit dem arbeiterfeindlichen und auf die Entmachtung der Linken gerichteten Kurs des PD- und Regierungschefs eine Abfuhr erteilen. Noch am Ende der Wahlkampagne hatten führende Vertreter des Mitte-Links-Lagers wie der mehrmalige Ministerpräsident Romano Prodi und der parteilose Linke Giuliano Pisapia, von 2011 bis 2016 Bürgermeister von Mailand, vor einem »No« gewarnt, da dieses der extremen Rechten »den Weg freimachen« könnte.

Überraschend schnell, bereits am 12. Dezember 2016 beauftragte der Staatspräsident den bisherigen Außenminister Paolo Gentiloni, eine neue Regierung zu bilden. Der 62-jährige Politiker war in den 1970er Jahren in der linksradikalen »Democrazia Proletaria« aktiv, dann Mitglied der »Partei der Proletarischen Einheit für den Kommunismus« (PdUP). Später schloss er sich den Grünen an, stieß von dort zur katholischen Zentrumspartei Margherita, mit der er 2007 die Vereinigung mit der Mehrheit der aus der IKP hervorgegangenen Linksdemokraten zum buntscheckigen sozialdemokratischen Partito Democratico mitmachte. 2006 bis 2008 war er in dem nochmals mit den Kommunisten gebildeten Mitte-Links-Kabinett von Romano Prodi Kommunikationsminister. Der wendefähige Politiker sollte offensichtlich die zerstrittenen Flügel des PD versöhnen und auch für oppositionelle Linke wählbar sein. Aus der angesehenen Adelsfamilie der Gentiloni Silveri kommend, wurde er aber auch als Ansprechpartner für rechte Kreise gesehen. Vor allem hoben Medienberichte jedoch hervor, dass der neue Premier ein zuverlässiger Gefolgsmann Renzis und wie dieser ein sogenannter Pro-Europäer sei.

Der Staatschef hob bei der Berufung des Nachfolgers Renzis hervor, dass es darum gehe, rasch »eine voll funktionsfähige Regierung« zu bilden, um wichtige »innenpolitische, europäische und internationale Verpflichtungen« einzuhalten. Darunter fällt in der internationalen Arena seit 1. Januar 2017 die nichtständige Mitgliedschaft im UN-Sicherheitsrat, im Mai 2017 die Ausrichtung des G-7-Gipfels und die herausragende Rolle in der EU, wo Federica Mogherini als EU-Außenbeauftragte gleichzeitig Stellvertreterin des luxemburgischen Kommissionspräsidenten Jean-Claude Juncker ist.

Gentiloni erklärte, sich unverzüglich diesen »internationalen wie den wirtschaftlichen und sozialen Herausforderungen zu stellen«. In Italien gehörten dazu Maßnahmen zur staatlichen Bankenrettung, für die der neue Premier sofort »undogmatische 20 Milliarden Euro« bereitstellte. Ein Großteil floss in den Monte dei Paschi di Siena, denn die Aktien des ältesten Geldhauses der Welt hatten nach Renzis Niederlage einen Sturzflug erlebt. Nachdem Gentiloni mit seinem gegenüber dem alten personell kaum veränderten Kabinett in der Abgeordnetenkammer und im Senat die Vertrauensabstimmung gewonnen hatte, begab er sich bereits am 15. Dezember zur Teilnahme am Gipfel der EU-Regierungschefs nach Brüssel.

Epilog

Die entscheidende Frage, die die italienische Politik zu Beginn des Jahres 2017 bewegt, ist, ob es zu vorgezogenen Parlamentswahlen kommt oder ob es die vom PD unter Gentiloni geführte Regierung bis zum Ende der Legislaturperiode im Frühjahr 2018 schafft. Bei der Ernennung Gentilonis war Staatspräsident Mattarella mit keinem Wort auf die Forderungen nach vorgezogenen Wahlen eingegangen und hatte auch den Begriff einer »Übergangsregierung« vermieden. So war es auch bis Anfang 2017 geblieben. Dass Gentiloni unter diesen Prämissen die Vertrauensabstimmung in beiden Kammern gewann, war ein erster Erfolg, den der PD mit Unterstützung seines rechten Koalitionspartners, dem NCD unter Alfano, erreichte. Eine zweite Parlamentariergruppe, mit der der ebenfalls aus der FI kommende Denis Verdini, eine dem NCD ähnliche Alleanza Liberalpopolare Autonomia (ALA) gebildet hatte, die bis dahin Renzi unterstützte, stimmte gegen Gentiloni, da dieser einen von ihr geforderten Ministerprosten abgelehnt hatte.

Es dürfte sich als fast unmöglich herausstellen, Neuwahlen, wie sowohl von Lega-Chef Salvini als auch von M5S gefordert, noch im Frühjahr 2017 anzusetzen. Das Heft hält erst einmal Staatspräsident Mattarella in der Hand. Ihm obliegt laut Verfassung, den Weg für Neuwahlen durch Auflösung beider Kammern (Abgeordnetenhaus und Senat) freizumachen. Danach muss frühestens nach 45, spätestens nach 70 Tagen ein neues Parlament gewählt werden. Über den Wahltermin und damit den Zeitraum entscheidet die amtierende Regierung. Als letzter Termin käme Ende Juni in Frage. Im Zeitraum Frühjahr/Frühsommer fanden auch alle Wahlen in der Nachkriegsgeschichte statt. Die Prozedur nach den Sommerferien Juli/August einzuleiten, würde auf das regulär im Frühjahr 2018 stattfindende Votum hinauslaufen. Der Staatschef hat genügend Möglichkeiten, das Prozedere hinauszuzögern.

Denn vor den Wahlen muss das »Italicum« genannte Wahlgesetz geändert werden und das dürfte Wochen, wenn nicht Monate dauern. Derzeit nur auf die Wahl des Abgeordnetenhauses ausgerichtet, muss es – nachdem die Abschaffung des Senats als zweiter Parlamentskammer gescheitert ist – nun auch auf diesen zugeschnitten werden. Die Debatte wird im Parlament eröffnet, wo der PD mit dem Siegerbonus über 340 der 630 Sitze verfügt. Offizielle Vorschläge liegen bisher nicht vor. Renzi hat als PD-Chef hier die Zügel in der Hand und bereits angekündigt, die Änderungsvorschläge werde ein PD-Kongress beschließen, für den der Termin zu Beginn des Jahres 2017 noch nicht feststand. Nach Berichten der regierungsnahen *La Repubblica* sollen die untersagten Wahlbündnisse wieder zugelassen werden, was kleineren Parteien, vor allem der Linken, Chancen einräumte, ins Parlament einzuziehen. Im Gespräch ist, die derzeit für die Abgeordnetenkammer geltende Sperrklausel von drei Prozent für den Senat zu erhöhen. Ob ein Ballotagio (Stichwahl) bestehen bleibt, ist umstritten. Es würde – wie das Ergebnis der Bürgermeisterwahl 2016 bei der Stichwahl in Rom zeigte, wo die Kandidatin von M5S nur mit den Stimmen der Lega Nord und der Fratelli d'Italia gewann – ein Zusammengehen der extremen Rechten mit der Protestbewegung der Fünf Sterne begünstigen.

Wichtige Entscheidungen werden vom PD-Kongress erwartet. Es gilt als sicher, dass Renzi, wenn ihn der Parteitag wieder als Parteichef wählt, auch zu den Parlamentswahlen als Spitzenkandidat antreten wird. Gelingt es ihm, mit Zugeständnissen beim Wahlgesetz seine Minderheits-Opposition zur Zustimmung zu gewinnen, könnte er eine Neufassung des Italicum rasch über die Bühne bringen und gegenüber der extremen Rechten wie auch M5S den Spieß umdrehen und mit Mattarellas Hilfe für

Neuwahlen eintreten. Der Termin zur Auflösung der Kammern bei einer Frist von 45 Tagen bis zur Wahl läge dann etwa in der Woche vom 8. bis 12. Mai 2017. Das hinge wiederum davon ab, ob die PD-Linke, zumindest ein Teil von ihr, in der Partei verbleibt. Sie fordert eine Rückkehr zur Mitte-Links-Politik mit entsprechenden Regierungsbündnissen des PD und dazu den Bruch mit Regierungskoalitionen von Nachfolgern der extremen Rechten wie der des früheren Vize von Berlusconi und heutigen Chefs der neuen Rechtspartei NCD, Angelino Alfano, und des ALA-Chefs Verdini. Für den Fall, dass es keine Wende zurück zu Mitte-Links gebe, hatte die Linke angekündigt, die Partei zu verlassen und sich an der Gründung einer neuen Linkspartei Sinistra Italiana (SI) zu beteiligen. Führende Linke wie der frühere PD-Sekretär Pierluigi Bersani und der Parteilose Guiliano Pisapia meinen, eine neue Linkspartei sei kein Ausweg und man solle eine starke Gruppierung im PD bilden, um Positionen der Linken bzw. einer linken Mitte zu bewahren bzw. wieder zu erringen. Dazu besteht Bersani allerdings auf der Bewahrung von »sozialdemokratischen Positionen« im PD. Der Chef der Partei Linke für Umwelt und Freiheit (SEL), Nichi Vendola, tritt dagegen für die rasche Gründung der SI ein, um mit ihr »eine neue politische Formation links vom PD zu schaffen« und den Prozess einer Wende nach Links im PD und so die Bildung einer neuen Mitte-Links-Koalition zu den Parlamentswahlen zu beeinflussen. Der Nationalrat der SEL hat bereits die Auflösung der Partei beschlossen und die Regionalorganisationen aufgerufen, Delegierte für den Gründungskongress im Februar 2017 zu wählen. Die SEL stellt die stärkste Kraft in diesem Prozess dar. Bei den Parlamentswahlen 2013, zu denen sie im Wahlbündnis mit dem PD antrat, erreichte sie 3,2 Prozent der Stimmen und stellt derzeit 37 Parlamentarier und Senatoren. Vendola selbst gewann 2005 auf der Liste von Mitte-Links die Wahl zum Präsidenten der Region Apulien und wurde 2010 im Amt auf einer Liste des PD bestätigt.

Der noch als Mitglied in deren Zentralkomitee aus der IKP kommende populäre Vendola, der 1991 die Rifondazione Comunista (PRC) mit gründete, unterhält noch gute Kontakte zu dieser, auch nachdem er sie 2008 verlassen hat. Darauf wirkt sicher ein, dass ein Großteil von ihr an der SI-Gründung teilnehmen will. Das dürfte das Ende des PRC einleiten. Anders ausgedrückt, er wird so enden wie die IKP, deren Mehrheit 1990/91 von den Revisionisten in die sozialdemokratische Linkspartei PDS umgewandelt wurde. Ein Meilenstein auf dem Weg in diesen neuerlichen Untergang als kommunistische Partei war bereits, dass der damalige Parteichef Fausto Bertinotti 2004 den PRC als Mitglied in die Europäische Linkspartei (EL) einbrachte und bis 2007 selbst deren Vorsitz innehatte. Sein Nachfolger 2008, Paolo Ferrero, der diesen Weg zunächst ablehnte, hat sich inzwischen von der kommunistischen Identität abgewandt und ist im Dezember 2016 zum Vize-Vorsitzenden der EL gewählt worden.

Damit stellt sich am Ende dieser kurzen Geschichte Italiens als Letztes die Frage, welchen Einfluss Italiens Kommunisten auf den weiteren Weg des Landes nehmen bzw. nehmen können. Seit der Gründung ihrer Kommunistischen Partei 1921 haben sie 70 Jahre lang entscheidenden Einfluss auf die Zurückdrängung von Reaktion und Faschismus sowie die Gestaltung des Fortschritts ihres Landes ausgeübt. Mit der Beseitigung der IKP 1991 kam es zur Krise der Linken, die eine reaktionäre Wende beförderte. Die Linken und mit ihnen die Kommunisten versanken in eine in ihrer ganzen Geschichte nicht gekannte Zerrissenheit und Spaltung. Sucht man nach den Ursachen dieses Niedergangs kommunistischen Einflusses, stößt man auf die von Lenin hinterlassene Binsenweisheit, dass eine Kommunistische Partei zum Scheitern verurteilt ist, wenn sie nicht mit dem Opportunismus bricht.

Nach jahrelanger Stagnation gab es einen Hoffnungsschimmer. Kommunisten, die sich zu ihrer Identität bekennen, ergriffen eine Initiative, um ihre Spaltung zu überwinden. Am 21. Januar 2015 trafen sich in Livorno, wo 1921 die Linken mit Antonio Gramsci an der Spitze die IKP gründeten, 150 Vertreter des PRC und des PdCI sowie mehrerer linker Gruppen und derzeit nicht organisierte Kommunisten, um das weitere Vorgehen zu beraten. Am 24. Januar folgte eine zweite Zusammenkunft mit nochmals über 100 Teilnehmern in Bologna. Die Tagungen bildeten eine Associazione (Vereinigung) und erließen einen Appell, in dem sie dazu aufriefen, einen langfristigen Prozess zur Vorbereitung der Bildung einer einheitlichen kommunistischen Partei und zur Zusammenarbeit der Linken insgesamt einzuleiten. An der Initiative, die vom PdCI ausging, beteiligten sich Aktivisten des PRC, während die Führungsgruppe um Ferrero sie ablehnte. Den Appell unterzeichneten in kurzer Zeit über 1.500 Kommunisten und Sympathisanten. Viele von ihnen sind gesellschaftlich breit verankert, kommen aus den Gewerkschaften, sozialen Zentren, den Partisanenverbänden, sind Wirtschaftsmanager, Vertreter der Wissenschaft, Literatur und Kunst. Zu ihnen gehören Professor Angelo d'Orsi von der Universität Turin, Professor Piergiovanni Alleva, Ordinarius für Arbeitsrecht an der Universität von Bologna und Rechtsberater der Gewerkschaft CGIL, sowie die frühere Senatorin der IKP Carla Nespolo, Vizepräsidentin der Associazione Nazionale Partigiani d'Italia (ANPI). Der Appell betonte, die Kommunisten dürften in diesem Prozess nicht in einer linken Partei aufgehen, sondern müssten ihre eigene Organisation bewahren, aber mit dieser einen aktiven Beitrag zur Einheit einer klassenbewussten Partei leisten. Es scheint der Realität geschuldet, dass die Verfasser keine raschen Erfolge erwarten, sondern betonten, dass es sich um einen langen, stufenweisen Prozess handeln werde, in dem mit Rückschlägen zu rechnen sei, es Abweichungen, Unterbrechungen oder Verzögerungen geben werde. Zur Hervorhebung seiner kommunistischen Identität nahm der PdCI im Juni 2016 den alten Namen IKP (PCI) an.

Literaturverzeichnis

Alf, Sophie G.: Leitfaden Italien. Vom antifaschistischen Kampf zum Historischen Kompromiss. Berlin 1977.

Bellu, Giovanni, Mario; D'Avanzo, Giuseppe: I Giorni di Gladio. Rom 1991.

Caprara, Massimo: L'Attentato a Togliatti. Padova 1978.

Chiarante, Giuseppe: Da Togliatti a D'Alema. Rom 1997.

Cipriano, Antonio e Gianni: Sovranità limitata. Storia dell'eversione atlantica in Italia. Rom 1991.

De Cesare, Corrado: Il Fascista del Duemila. Le Radici del Camerata Gianfranco Fini. Mailand 1995.

Del Boca, Angelo: La Guerra d'Abissinia 1935-1941. Milano 1965.

De Lutiis, Giuseppe: I Servizi segreti in Italia. Rom 1991.

Doni, Gino: Mein Blut komme über Euch. Moro oder die Staatsraison. München 1978.

Faenza, Roberto:

- Il malaffare. Mailand 1978.
- Mit Fini, Marco: Gli americani in Italia. Mailand 1976.

Fasanella, Giovanni / Sestieri, Claudio: Segreto di Stato. La Verità da Gladio al Caso Moro. Turin 2000.

Feldbauer, Gerhard:

- Agenten, Terror, Staatskomplott. Der Mord an Aldo Moro, Rote Brigaden und CIA. Köln 2000.
- Marsch auf Rom. Faschismus und Antifaschismus in Italien. Köln 2002.
- Berlusconi ein neuer Mussolini? Essen 2001. 2., erw. Auflage 2003.
- Aldo Moro und das Bündnis von Christdemokraten und Kommunisten im Italien der 70er Jahre. Aldo Moro gewidmet. Essen 2003.
- Compromesso storico, Berlin 2013.

Ferrera, Marcella e Maurizio: Cronache di Vita Italiana 1944-1958. Rom 1960.

Fix, Elisabeth: Italiens Parteiensystem im Wandel. Frankfurt/M. 1999.

Flamigni, Sergio:

- La tela del Ragno. Il delitto Moro. Mailand 1993.
- Trame atlantiche. Storia della Loggia massonica segreta P2. Mailand 1996.
- Il mio sangue ricadrà su di loro. Gli scritti di Aldo Moro, prigioniero delle BR. Mailand 1997.

- Convergenze parallele. Le Brigate rosse, i servizi segreti e il delitto Moro. Mailand 1998.
- Il Covo di Stato. Via Gradoli e il delitto Moro. Mailand 1999.

Flamini, Gianni: La Banda della Magliana, Mailand 1994.

Funke, Manfred: Sanktionen und Kanonen. Hitler, Mussolini und der internationale Abessinienkonflikt. Düsseldorf 1970.

Gaddi, Giuseppe: Neofascismo in Europa. Mailand 1974.

Galli, Giorgio: Staatsgeschäfte. Affären. Skandale. Verschwörungen. Hamburg 1994.

Garibaldi, Giuseppe: Memorie. Torino 1975.

Giannetini, Guido: Tecniche della Guerra rivoluzionaria. Rom 1965.

Giovannini, Fabio: Nel Paese di Berlusconia. Rom 2002.

Gossweiler, Kurt: Kapital, Reichswehr und NSDAP 1919-1924. Berlin* 1984.

Gramsci, Antonio:
- Die süditalienische Frage. Berlin* 1955.
- Briefe aus dem Kerker. Berlin* 1956.
- La Costruzione del Partito Comunista (1923-1926). Turin 1971.
- Zu Politik, Geschichte und Kultur. Ausgewählte Schriften. Frankfurt/M. 1986.
- Gedanken zur Kultur. Leipzig 1987.

Grieco, Ruggero: Der Kampf der italienischen Bauern um Boden und Freiheit. Berlin* 1958.

Hibbert, Christopher: Der gerechte Rebell. Der Weg des Giuseppe Garibaldi. Tübingen 1970.

Ignazi, Piero: Postfascisti? Dal Movimento Sociale Italiano ad Alleanza Nazionale. Bologna 2000.

Irnberger, Harald: Die Terrormultis. Wien, München 1976.

Lampedusa, Giuseppe Tomasi di: Der Leopard. Berlin* 1961.

Lanza, Luciano: Bomben und Geheimnisse. Geschichte des Massakers von der Piazza Fontana. Hamburg 1998.

Leonhard, Wolfgang: Eurokommunismus. Herausforderung für Ost und West. Gütersloh 1978.

Lill, Rudolf: Geschichte Italiens. Vom 16. Jahrhundert bis zu den Anfängen des Faschismus. Darmstadt 1980.

Locatelli, Gofredo / Martini, Daniele: Duce addio. La Biografia di Gianfranco Fini. Mailand 1994.

Losano, Mario G.: Sonne in der Tasche. Italienische Politik. München 1995.

Losurdo, Domenico: Die neuen Hitler. Ein Beitrag wider die Phrase. MB 4/2000.

Lusso, Emilio: Marsch auf Rom und Umgebung. Wien / Zürich 1991.

Moro, Aldo: Scritti e Discorsi. Rom 1990.

Nenni, Pietro: Dal Patto atlantico alla Politica di Distensione. Rom 1954.

Panerai, Paolo / De Luca, Maurizio: Il Crack, Sindona, La DC, Il Vaticano e gli altri amici. Mailand 1977.
Pecorelli, Francesco / Sommella, Roberto: I Veleni di »OP«. Le »Notizie riservate« di Mino Pecorelli. Mailand 1995.
Petersen, Jens: Quo vadis, Italia. München 1995.
Prodi, Romano: Governare L'Italia. Manifesto per il Cambiamento. Rom 1994.
Ruggeri, Giovanni / Guarino, Mario: Berlusconi. Showmaster der Macht. Berlin 1994.
Schreiber, Gerhard: Deutsche Kriegsverbrechen in Italien. München 1996.
Schüssler, Susanne (Hg.): Berlusconis Italien. Italien gegen Berlusconi. Mit Beiträgen von Benni, Camilleri, Eco, Malerba, Moretti, Tabucchi u. a. Berlin 2003.
Secchia, Pietro / Frassati, Filippo: Storia della Resistenza. Rom 1965.
Serravalle, Gerardo: Gladio. Rom 1991.
Silone, Ignazio: Der Faschismus. Frankfurt/M. 1984 (Reprint der Erstausgabe von 1934).
Tarchi, Marco: Dal MSI ad AN. Bologna 1997.
Tasca, Angelo: Glauben, gehorchen, kämpfen. Der Aufstieg des Faschismus in Italien. Wien, o. J.
Togliatti, Palmiro:
- Il Partito Comunista Italiano. Rom 1961.
- Problemi del Movimento operaio internazionale. Rom 1962.
- Lektionen über den Faschismus. Frankfurt/M. 1973.

Dokumente (nach Erscheinungsjahr)

Documenti ufficiali del Comitato di Liberazione Nazionale per Alta Italia. Mailand 1945.
Ricostruire, Resoconto del Congresso economico del PCI. Rom 1948.
Partito Socialista Italiano. 33′ Congresso nazionale. Rom 1959.
La Formazione del Gruppo dirigente del PCI. Rom 1962.
Il PSI nei suoi Congressi, Bd. III. Mailand 1963.
Partito Socialista Italiano. 35′ Congresso nazionale. Rom 1964.
PSIUP. 2' Congresso nazionale. Rom 1969.
Problemi di Storia del Partito Comunista Italiano. Rom 1971.
Die neofaschistische Gefahr in Italien. Wien 1971.
Manifesto. Congresso nazionale. Documenti n. 1. Rom 1974.
PdUP. 1' Congresso nazionale. Florenz 1974.
Storia del PCI. Attraverso i Congressi. Rom 1977.
I Giorni della Storia D'Italia. Dal Risorgimento a Oggi. Cronaca quotidiana dal 1815. Novarra 1997.

*Berlin/DDR